신앙은
역설이다

ㄹ

글과길

신앙은 역설이다

이재영 저

발행일   2021년 11월 15일
발행인   김도인
펴낸곳   글과길
          등록 제2020-000078호[2020.5.29]
          서울특별시 송파구 삼학사로 19길5 3층 [삼전동]
          wordroad29naver.com
디자인   디자인소리 okdsori.com
공급처   하늘유통
          경기도 파주시 광탄면 분수리 350-3
          전화 031-947-7777
          팩스 0505-365-0691

ISBN 979-11-973863-5-0 03230
가격 12,000원

신앙은
역설이다

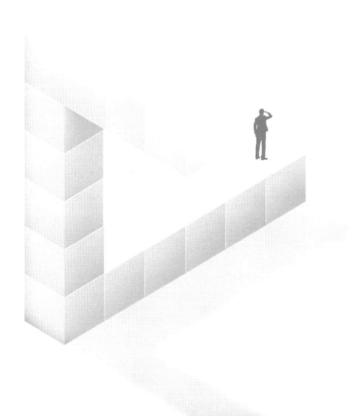

추천사

세상은 물질을 추구한다. 신앙은 가치를 추구한다. 그 가치는 세상에 있지 않고 하나님 나라에 있다. 이는 신앙생활의 기준은 세상이 아니라 하나님이기 때문이다.

세상을 살아가는 사람이 삶의 기준을 세상에 두지 않고 하나님께 두는 것을 세상은 결코 이해할 수 없다. 그러니 신앙은 역설일 수밖에 없다.

신앙도 역설이듯이, 이재영 목사의 삶과 목회 자체도 역설적이다. 목회가 사람을 대상으로 하지만 사람의 뜻이 아니라 하나님의 뜻을 추구했다. 이기적인 삶보다는 이타적인 삶을 살고자 했다.

이 책은 그의 삶과 신앙은 물론 목차에서도 신앙이 역설임을 명확하게 보여준다. '꾸준함이 특별함을 만든다.', '멋이 아니라 맛을 내라' 그리고 '위치가 아니라 가치다.' 등이다.

신앙이 역설인 것은 신앙을 가지고 산다는 것은 이성으로는 믿기 어려운 역설을 순순히 받아들이는 것에서 알 수 있다.

삶에서 하나님의 뜻에 의구심을 품은 사람이 있다면, 신앙 문제로 고민하는 사람이 있다면, 이 책은 뚜렷한 길잡이가 되어줄 것이다.

저자는 《프롤로그》에서 신앙이 왜 역설인가를 이렇게 이야기한다.

"그리스도인은 주님을 따라가는 역설의 삶을 살아야 한다. 역설의 삶이 세상에 빛을 비추는 삶이다."

역설적인 신앙의 삶이 세상에 빛을 비추는 삶이 된다. 그렇다면 신앙인은 세상을 비추기 위해 역설적인 신앙생활을 당당하게 해야 한다.

2020년부터 시작된 코로나19로 인해 2년 동안 신앙의 광야를 걸어왔다. 이 광야의 끝과 시작을 어떻게 할 것인가를 고민하는 사람에게 최상의 책이다.

김도인 목사 아트설교연구원 대표, 《설교는 글쓰기다》 등 15권의 저자

프롤로그

경상남도 거창에는 거창고등학교가 있다. 기독교정신으로 세워진 명문 고등학교다. 고故 전영창 교장선생님께서 기독교정신을 바탕으로 거창고등학교 학생들을 위한 직업십계명을 만들었다.

1. 월급이 많은 곳보다 적은 쪽을 택하라.

2. 내가 원하는 곳이 아니라 나를 필요로 하는 곳으로 가라.

3. 승진 조건이 없는 곳으로 가라.

4. 조건이 갖추어진 곳이 아니라 황무지를 택하라.

5. 앞 다투어 모이는 곳으로 가지 말고 아무도 가지 않는 곳으로 가라.

6. 장래성이 전혀 없는 곳으로 그러나 기쁘게 일할 수 있는 곳으로 가라.

7. 부러움의 대상이 아니라 존경 받을 수 있는 곳으로 가라.

8. 한 가운데가 아니라 변방으로 가라.

9. 주위 사람과 배우자가 반대하면 틀림없다. 그 곳으로 가라.

10. 영광의 자리가 아니라 단두대가 있고 십자가가 있는 곳으로 가라.

거창고등학교 직업십계명이 말해주는 것이 무엇인가? 세상길을 따라가는 것이 아니라 역설적인 삶을 살라는 것이다. 이것이 예수 정신이요, 기독교 정신이다. 신앙은 역설이다. 예수님은 산상수훈의 말씀을 통해서 신앙은 역설임을 말씀해 주셨다. 예수님은 누가 오른 뺨을 치거든 같이 오른 뺨을 치라고 말씀하시지 않고 왼편도 돌려대라고 하셨다. 고발해서 속옷을 가지고자 하는 자에게 겉옷까지 내어주라고 하셨다. 억지로 오리를 가자고 하면 십리를 동행해 주라고 하셨다. 원수를 미워하지 말고 기도해주고 축복해 주라고 하셨다. 넓은 문이 아니라 좁은 문으로 들어가라고 하셨다. 누구든지 크고자 하는 자는 섬기는 자가 되고

으뜸이 되고자 하는 자는 모든 사람의 종이 돼야 한다고 하셨다.

역설의 삶은 어렵다. 하지만 그렇게 살아야 한다. 우리는 그리스도인이기 때문이다. 그것이 주님께서 원하시는 삶이기 때문이다. 인간은 본능적으로 편안하고 안락한 삶을 추구한다. 자신의 유익을 먼저 추구한다. 그것을 아시고 예수님은 본능과 세상을 거스르는 역설적인 삶을 살라고 하신다.

'레이저피쉬'라는 고기가 있다. 레이저피쉬라고 이름 한 것은 면도날을 닮아 날카롭게 생겼기 때문이다. 레이저피쉬는 가로로 헤엄치는 보통 물고기와는 달리, 입을 아래로 향한 채 물구나무를 서서 헤엄친다. 레이저피쉬는 지구에서 거꾸로 살아가는 소수의 생명체다. 물구나무를 선 채 헤엄치는 것은 힘든 일이다. 레이저피쉬가 그렇게 살아가는 이유가 무엇일까? 생존을 위해서다. 곧 하나님께서 레이저피쉬를 그렇게 살도록 만들어 놓으셨다.

하나님의 자녀도 마찬가지다. 레이저피쉬처럼 세상이 추구하는 방향과 거꾸로 살아가라고 하나님의 백성 삼으셨다. 세상가치와 거꾸로 살아가는 것은 힘들다. 레이저피쉬가 물구나무선 채 헤엄치는 것과 같은 원리다.

하나님은 왜 그렇게 살라고 하는 것일까? 그것이 사는 길이기 때문이다. 세상 사람들은 그렇게 살아가는 그리스도인의 모습을 보고 바보 같다고 말 할 수 있다. 어리석다고 이야기 할 수도 있다. 하지만 결국 하나님께서는 그리스도인이 세상과 역설적인 삶, 곧 예수님께서 원하시는 삶을 살 때 그 사람을 세워주신다. 책임져 주신다.

독일 유명한 문호 괴테는 '색채는 빛의 고통이다'고 말했다. 이 세상을 아름답게 하는 모든 색채가 빛의 고통으로 이루어진다는 뜻이다. 봄이 가고 여름이 오는 동안 산과 나무와 풀잎이 연두에서 초록으로 점점 변해가면서 아름다움을 선사하는 것이 빛의 고통 때문이라는 의미다. 찬란한 노을빛이 빛의 고통 때문이라는 것이다. 빛의 고통이 없이는 아름다운 색채가 나올 수 없다. 그리스도인이 주님 가신 길을 따라가는 것은 고통일 수 있다. 하지만 그 삶을 통해서 아름다운 빛이 세상 가운데 비추게 된다. 신앙은 역설이다. 그리스도인은 주님을 따라가는 역설의 삶을 살아야 한다. 역설의 삶이 세상에 빛을 비추는 삶이다.

스터디카페에서 **이재영** 목사

차례

제1부

꾸준함이
특별함을 만든다

"

천년을 견딘 나무는
천년의 쓰임을 받는다.
견딤은
인생이라는 나무의 강도를 나타내는
인생 나이테다.
단단하고 아름답게 만드는데
꼭 필요한 과정이다.

"

01
견딤이
쓰임을
결정한다

욥23:1-10

불황가운데 호황을 누리는 사행사업

우리나라는 경기 불황이 계속되고 있다. 경기 불황에도 호황을 누리고 있는 산업이 있다. 사행산업이다. 경마, 카지노, 복권과 같은 사행사업은 계속해서 성장하고 있다. 2006년에 사행사업으로 벌어들인 돈이 12조 865억이다. 2016년에는 꾸준히 증가를 해서 20조를 돌파했다. 이는 합법적인 사행사업의 수치에 불과하다. 불법 사행사업은 이보다 규모가 훨씬 크다고 한다. 불법 사행사업은 온라인 PC

나 스마트폰을 이용해 합법적이지 않은 경로로 운영되는 것을 말한다. 사행산업 통합감독위원회의 조사에 따르면 2016년 불법 사행산업 매출 규모는 약 84조원이었다. 2012년 75조원이었는데 4년 만에 9조원이나 급증했다. 합법사업에 비해 4배가 넘는 액수다. 사람들이 합법보다 불법도박에 잘 빠지는 이유가 있다. 합법 도박은 제약이 많지만 불법은 제약이 적기 때문이다.

쉽게 이룬 것은 쉽게 무너진다

황현탁 한국도박문제관리센터 원장은 도박해서 돈을 딸 수 있다고 생각하는 것은 신기루와 같다고 말한다. 구조자체가 100명이 도박 할 때 1명 정도 돈 딸 확률이 있다고 한다. 나머지 99명은 돈을 잃는 구조로 되어 있기 때문이다. 복권 1등에 당첨될 확률은 850만분의 1이다. 경마나 카지노도 마찬가지다. 이런 구조를 알면서 사람들이 사행사업에 빠지는 이유가 무엇일까? 전문가들은 미래에 대한 불확실성 때문이라고 말한다. 미래가 불안하니 한 번 대박쳐서 인생 한번 바꿔 보겠다는 심리다. 한탕주의요. 요행심리다. 사람들은 세상을 쉽게 살려고 한다. 쉽게 이루려고 한다. 세상에 쉽게 이루어지는 것은 없다. 세상에 공짜는 없다. 그냥 되는 것은 없다. 쉽게 이룬 것은 쉽게 무너진다.

요행심리는 신앙이 아니다

한탕주의와 요행심리는 세상 사람들만의 문제가 아니다. 그리스도인 가운데도 요행심리로 신앙생활 하는 사람들이 있다. 한번 기도 잘해서 응답받으려고 한다. 한번 헌금 잘해서 부자 되려고 한다. 한번 예배 잘 드리고 대박 치려고 한다. 할 수 있는 일도 하지 않으면서 하나님의 기적만 경험하려고 한다. 요행심리는 신앙이 아니다. 성경은 뿌린 대로 거둔다는 법칙을 말씀하고 있다.

> "스스로 속이지 말라 하나님은 업신여김을 받지 아니하시나니
> 사람이 무엇으로 심든지 그대로 거두리라" 갈6:7절

쓰임받기 위해 견딤의 과정이 필요하다

2018년 2월 21일 20세기 최고의 복음 전도자였던 빌리 그레이엄 목사가 99세의 일기로 하나님의 부름을 받았다. 빌리 그레이엄 목사는 1918년 11월 7일 미국 노스캐롤라이나 주 샬럿에서 4남매 중 장남으로 태어났다. 16세에 회심하고 1940년 플로리다 성경대학을 졸업하고 난 후 남침례회에서 목사안수를 받았다. 1950년에 빌리

그레이엄전도협회를 창설하면서 세계적인 부흥사가 된다. 빌리 그레이엄목사는 185개국을 누비며 2억 명에게 직접 하나님의 말씀을 전했다. TV와 라디오를 포함하면 22억 명이 넘는다. 그는 공산권 복음화에도 매진했다.

한국과의 인연도 빼놓을 수 없다. 1952년 12월 6·25전쟁 당시 우리나라에 와서 부흥집회를 인도했다. 이승만 대통령을 만나 전쟁의 아픔도 함께 나누었다. 1973년 여의도광장에서 개최된 전도 집회에서는 5일간 110만 명 이상의 군중이 모였다. 빌리 그레이엄 목사는 20세기 최고의 복음전도자로 하나님께 쓰임 받다가 하나님 곁으로 갔다. 그리스도인은 누구나 빌리 그레이엄 목사 정도는 아니더라도 하나님께 쓰임 받고 싶은 마음이 있다. 쓰임 받고 싶다고 쓰임 받는 것은 아니다. 하나님께서 쓰시기에 합당해야 한다. 아무나 쓰임 받는 것이 아니다. 쓰임 받기 위해서는 견딤의 과정이 필요하다. 견딤의 과정을 잘 이겨내느냐에 따라 쓰임새가 달라진다.

견딤은 인생의 나이테다

일본에 있는 나라 현에 가면 호류사라는 절이 있다. 호류사는 천년 된 소나무로 지어 졌다. 일본에서는 천년 이상 갈 수 있는 절이나 궁궐 짓는 목수를 '궁목수'라고 부른다. 호류사도 '궁목수'인 니시오카 가문이 1400여 년 동안 대대로 지켜왔다고 한다. 니시오카 가문은 후손들에게 이렇게 가르쳤다고 한다.

> "천년 이상 갈 수 있는 건물을 지으려면 천년 된 노송을 써야 한다. 그리고 이런 나무로 건물을 짓는다면 모름지기 천년은 갈 수 있는 건물을 지어야 궁목수로서 그 나무에게 면목이 서는 일이다."

궁목수는 나무수명과 목재로 사용된 뒤부터의 생명 연수가 같다고 봤다. 견딤의 시간이 쓰임의 시간을 결정한다. 천년을 견딘 나무는 천년의 쓰임을 받는다. 견딤은 인생이라는 나무의 강도를 나타내는 인생 나이테다. 단단하고 아름답게 만드는데 반드시 필요한 과정이다.

잘 견뎌낸 김은정 선수

2018년 평창 동계올림픽에서 신드롬을 일으킨 팀은 한국국가대표 여자컬링팀이다. 많은 유행어들을 내면서 컬링에 대한 관심을 불러일으켰다. 의성 마늘 처자들이 일을 냈다. 컬링 불모지인 대한민국에서, 아니 아시아에서 처음으로 금메달에 도전했지만 아쉽게 실패했다. 의성 시골 동네에서 친구와 동생들과 방과 후 활동으로 시작한 컬링이 이런 놀라운 성과를 거둘 줄 아무도 기대하지 않았다.

컬링대표팀에서 '안경선배'로 불리는 김은정 선수에게는 아픔이 있었다. 우리나라 여자컬링팀은 2014년 소치올림픽에 처음 출전 하였다. 소치올림픽 선발전에서 김은정 선수는 당시 상대선수가 넘어지면서 스톤을 건드려서 멘탈이 완전 깨졌다. 이후에 실수를 연발하여 김은정 팀은 소치 올림픽에 나갈 수가 없었다. 김은정 선수는 컬링을 그만두려고 했다. 자신이 컬링을 못 한다고 생각했다. 엘리트도 아니고 의성 시골에서 스포츠클럽으로 시작해 우리나라에서도 이런 성적 밖에 못 내는데, 국제무대에 나가서 뛰어난 선수들과 겨룬다는 것은 불가능하다고 생각했다. 하지만 많은 사람들의 격려와 특히 대구대 은사님을 통해서 멘탈 코치까지 받으면서 김은정 선수는 힘든 과정을 견뎠다. 견딤의 과정에서 그녀는 '컬링이 인생에서 중요하지만, 결국엔 김은정이란 사람이 더 중요하다. 김은정이 멋져야 잘된다. 이겨 내자.'라고 생각했다. 김은정 선수가 어려운 과정을 견디지 못했다면 올림픽 은메달을 목에 걸지 못했을 것이다.

욥의 고난

견딤을 통해서 하나님께 귀하게 쓰임 받은 대표적인 인물은 욥이다. 성경은 욥에 대해서 '온전한 사람이고 정직하여 하나님을 경외하며 악에서 떠난 자'욥1:1라고 평가한다. 욥은 갑작스러운 고난을 맞이하게 된다. 그토록 사랑했던 10명의 자녀들을 한 순간에 잃었다. 많던 재산도 다 잃었다. 건강도 잃었다. 욥의 아내는 고통 받는 남편을 보면서 힘이 되지는 못할망정 차라리 하나님을 저주하고 죽으라고 말했다. 욥의 친구들도 처음에는 위로하는 듯 했지만 결국 욥을 비난했다. 무엇보다 욥에게 가장 고통스러웠던 것은 하나님의 침묵이었다.

고난을 견뎌낸 욥

욥은 침묵하시는 하나님 앞에 답답한 마음을 호소했다. 하나님께서 계신 곳을 알 수 있다면, 그분의 보좌까지 이를 수만 있다면 자신의 정당함을 변론하겠다고 했다. 그렇게 하면 하나님께서 자신의 말에 귀 기울여 주시고 단호하게 무죄를 선언해주실 것이라고 했다. 욥은 하나님을 만나고 싶었지만 앞으로 가도 아니 계시고 뒤로 가도 보이지 않는다고 고백했다. 하나님이 왼쪽에서 일하시나 내가 만날 수 없고 오른쪽으로 돌이키시나 뵈올 수 없다고 탄식했다. 하지만 욥의 고백은 이것으로 끝나지 않았다.

> "그러나 내가 가는 길을 그가 아시나니 그가 나를 단련하신 후
> 에는 내가 순금 같이 되어 나오리라" 욥23:10

욥은 지금 자신이 겪고 있는 과정이 하나님께서 연단시키는 과정
임을 알고 있었다. 연단의 과정을 잘 견디면 반드시 순금같이 되어
귀하게 쓰임 받게 되리라는 확신을 가지고 있었다. 욥은 모든 아픔
과 고난을 견뎠다. 아내와 친구들의 비난을 견뎠다. 하나님의 침묵
마저도 견디고 더 귀하게 쓰임 받게 되었다. 갑절의 복을 받았다.

견딤의 과정을 통해 쓰임 받은 사람들

하나님께 쓰임 받은 믿음의 선배들은 견딤의 과정을 통과했다. 모
세는 40년 동안 애굽왕자로 살다가 살인자가 되어 미디안 광야로
도망갔다. 그 곳에서 십보라와 결혼해서 장인의 양을 치며 목동으로
40년을 견뎠다. 대제국 애굽왕자에서 목동신세로 전락해 40년을 견
딘다는 것은 쉬운 일이 아니다. 다윗은 어려서 사무엘을 통해서 기
름부음을 받았지만 사울에게 쫓기는 신세가 된다. 10년이 넘는 시
간동안 억울하게 쫓기는 신세로 지내지만 다윗은 잘 견뎠다. 결국

다윗은 이스라엘의 왕이 되어 하나님께 귀하게 쓰임 받게 된다. 백성에게 가장 존경받는 인물이 된다. 하나님께 쓰임받기 원하는가? 잘 견뎌라. 견딤의 터널을 통과할 때까지 포기하지 말라.

견딤 속에 만들어짐이 있다

견딤이 왜 하나님께 쓰임 받음을 결정 할까? 견딤 속에 만들어짐이 있기 때문이다. 곧 하나님은 견딤의 과정을 통해 쓰임받기에 합당한 그릇으로 만드신다. 견딤은 모난 부분들이 다듬어지고 부족한 부분들이 채워져 감을 의미한다. 토기장이가 마치 물레에서 진흙 한 덩어리를 그릇으로 만들어가는 과정과 같다. 토기장이는 그릇을 만들기 위해 진흙 덩어리를 손으로 빚는다. 토기장이를 하나님이라고 생각하고 진흙 덩어리를 사람이라고 생각해 보라. 모난 부분들이 깎여 나갈 때는 아플 수밖에 없다. 아픔의 과정을 견딜 때 하나님께서 원하시는 그릇으로 만들어진다.

겨울날 나뭇잎이 떨어진 나무 위에 지어진 새둥지를 본적이 있는가? 공원에 있는 큰 나무위에 새둥지가 지어진 것을 본 적이 있다. 해가 지날수록 둥지가 커진다는 생각이 들었다. 태풍이 휩쓸고 지나가도 거센 겨울바람이 나무를 뒤흔들어도 새둥지는 무너지지 않는다. 이유가 무엇일까? 끊임없이 흔들림을 견뎌가며 지어진 둥지이기 때문이다.

고통은 극복하는 것이 아니라 견디는 것이다

하나님께서 하나님의 사람을 만들어가는 과정에서 가장 많이 사용하는 것은 고통이다. 고통은 저항해야 할 것이 아니다. 고통은 받아들여야 한다. 소설가 박완서 선생은 1988년 서울올림픽이 개최된 해에 남편을 병으로 잃고 넉 달 뒤에는 26살 사랑하는 아들을 사고로 잃었다. 얼마나 고통스러웠겠는가? 잡지사 기자가 한번은 박완서 선생을 인터뷰 하면서 이런 질문을 했다. "선생님, 그러한 고통을 어떻게 극복하셨습니까?" 박완서 선생은 대답했다. "그것은 극복하는 게 아니라 그냥 견디는 겁니다." 고통은 극복하는 것이 아니라 그냥 견디는 것이라는 말이 아프면서도 마음에 와 닿는다. 고통에 대해 저항하면 저항 할수록 더욱 고통스럽다. 고통은 극복하는 것이 아니라 수용하는 것이다. 견디는 것이다.

이 또한 지나가리라

어떻게 하면 고통을 잘 견디고 하나님께 쓰임 받을 수 있을까?
첫째, 이 또한 지나가리라는 마음으로 견뎌야 한다. 사람은 어려움을 겪으면 그것이 계속 이어질 것이라고 생각한다. 어려움뿐만이 아니라 권력도 인기도 계속 될 것이라고 생각한다. 착각이다. 어느 시점이 되면 이 또한 지나간다. 땅의 것은 영원하지 않다. 모든 것이 변한다. 겨울이 얼마나 추운가? 추운 겨울이 지나가겠나 싶은데 지나간다. 겨울이 지나면 어김없이 나무마다 새싹이 돋고 꽃이 피는 봄이 온다.

군대 있을 때 유행하는 말이 있었다. '국방부 시계는 거꾸로 돌려놓아도 간다.' 군대 있는 시간이 안 갈 것 같지만 이 또한 지나가고 제대하는 날이 온다는 의미다. 군인에게 희망을 주는 말이다.

'예수, 늘 함께 하시네'라는 찬양이 있다.

"고단한 인생길 힘겨운 오늘도 예수 내 마음 아시네. 지나간 아픔도 마주할 세상도 예수 내 마음 아시네. 하루를 살아도 기쁨으로 가리. 예수 늘 함께 하시네. 후회도 염려도 온전히 맡기리. 예수 늘 함께 하시네. 믿음의 눈 들어 주를 보리 이 또한 지나가리라. 주어진 내 삶의 시간 속에서 주의 뜻을 알게 하소서"

고난 가운데 있는가? 언제인지 알 수 없지만 반드시 그 고난은 지나간다. 지나갈 때까지 견디는 것은 나의 몫이다. 하나님이 대신해 주지 않는다. 다리가 후들거려도 버티고 견뎌야 한다. 고난은 동굴이 아니라 터널이다. 동굴은 입구는 있지만 출구가 없다. 반면에 터널은 입구도 있고 출구도 있다. 아무리 긴 터널이라도 반드시 출구는 있다. 고난의 출구가 있다면 고난의 터널을 견디고 통과해야 한다. 고난의 터널을 잘 통과할 때 하나님께 귀하게 쓰임 받게 된다.

십자가에 달린 예수님을 생각하라

둘째, 십자가에 달린 예수님을 생각하며 견뎌야 한다. 예수님은 아무런 고통 없이 십자가에 달려 죽으신 것이 아니다. 처절한 아픔과 고통을 당하셨지만 견디셨다. 로마학자였던 키케로는 당시 십자가형은 가장 잔인하고 소름 끼치게 하는 사형방법이라고 했다. 십자가 사형은 페르시아에서 유래되었다. 로마제국에서는 기원전 1세기 말에 식민 통치방법으로 광범위한 규모로 십자가형을 적용하였다.

처음에는 노예들을 나무에 묶고 고통을 주는 체벌이었다. 기원 후 1세기부터는 로마제국에 대항해 폭동이나 반란을 선동한 자들에 행해졌다. 십자가 처형은 인간이 당할 수 있는 가장 처절한 형벌이었기에 로마시민권을 가진 사람에게는 적용 되지 않았다.

예수님께서 십자가에 못 박히신 그림을 보면 팬티를 걸치고 계신다. 하지만 예수님은 발가벗긴 채로 십자가에 돌아가셨다. 십자가형은 사형수를 발가벗겨 십자가에 매달음으로써 인간적인 수치심과

조소의 대상이 되게 했다. 또한 십자가형은 육체적 고통을 가장 오랫동안 느끼면서 죽어가게 하는 형벌이었다. 십자가에 달린 사형수는 몸이 처지면서 근육경련과 호흡곤란으로 질식사 했다. 이런 십자가형을 하나님의 아들 예수님께서 당하셨다.

십자가에 달린 예수님을 바라보면 나의 고통이 아무것도 아니라는 것을 깨닫게 된다. 목양실 벽에는 예수님께서 십자가에 못 박힌 사진이 걸려있다. 힘들 때마다 바라보기 위해서다. 정말 힘들 때 예수님 사진을 바라보면 아무런 말이 나오지 않는다. 내 고통과 예수님이 당하신 고통을 생각하면 비교가 안 된다. 생각이 여기까지 이르면 '그래 이까짓 고통 이겨내야'라는 마음이 든다. 그러면 고통을 견디게 된다. 고통을 견디면 또 '내가 성장 했구나' 라는 생각이 든다.

고통스러울 때, 힘든 고난 가운데 있을 때 십자가에 못 박혀 달려 죽으신 예수님을 바라보라. 나의 고통이 아무것도 아니라는 것을 알게 될 것이다. 《종이 위의 기적, 쓰면 이루어진다》의 저자인 헨리에트 앤 클라우저는 말했다.

"가장 빠르고, 가장 똑똑하고, 가장 총명하고, 가장 부유한 사람에게 큰 승리는 오지 않는다. 큰 승리는 넘어질 때마다 일어나는 사람에게 오는 것이다."

넘어질 때마다 일어나는 사람이 견딘 사람이다. 견딘 사람이 승리한다. 견딘 만큼 하나님께 쓰임 받게 된다.

신 앙 은

역 실 이 다

"

정말 바라봐야 할 대상은
사람도
환경도
세상도 아니다.
주님이다.
주님을 바라볼 때
해석이 달라진다.
바라보는 관점이
달라진다.

"

02

바라봄이
차이를
만든다

고정관념은 세상을 똑바로 바라보지 못하게 한다

　아버지와 아들이 야구경기를 보기 위해 집을 나섰다. 갑자기 아버지가 운전하던 차가 기차선로 위에서 멈춰 버렸다. 달려오는 기차를 보며 아버지는 시동을 걸려고 황급히 자동차 열쇠를 돌려봤지만 소용이 없었다. 기차는 차를 그대로 들이받고 말았다. 아버지는 그 자리에서 죽었고 아들은 크게 다쳐 응급실로 옮겨졌다. 수술을 위해 급히 달려온 외과 의사가 차트를 보더니 "난 이 응급환자의 수술을

제1부 꾸준함이 특별함을 만든다　　33

할 수 없어. 얘는 내 아들이야!" 라며 절규하였다.

어떻게 이런 일이 가능할까? 아버지는 아들과 사고를 당한 뒤에 그 자리에서 죽지 않았는가? 혹시 의사가 친아버지고, 야구장에 같이 간 아버지는 양아버지였을까? 아직도 이 상황이 잘 이해되지 않는가? 그렇다면 이제 의사가 아들의 '엄마'라는 사실을 알고 다시 생각해 보라. 모든 것이 너무나 자연스럽고 분명하게 다가올 것이다. 앞에서 한 이야기가 이상하다고 생각한 사람은 외과의사는 남자라는 생각을 가지고 있기 때문이다. 이런 고정관념에서 자유로운 사람이었다면 곧바로 의사가 엄마라고 짐작했을 것이다. 응급수술을 담당하는 외과의사는 남자일 것이라는 고정관념이 이 이야기 자체를 의아하게 만든다. 사람은 알게 모르게 고정관념을 가지고 살아갈 때가 많다. 고정관념을 가지고 세상을 바라보기 때문에 그 틀 안에서만 세상을 바라본다.

무엇을 바라보느냐가 중요하다

사람은 무엇인가를 늘 바라보며 살아간다. 눈에 보이는 것일 수도 있고 보이지 않는 추상적인 것일 수도 있다. 사람의 인생은 무엇을 바라보며 사느냐에 달려 있다 해도 과언이 아니다. 사람은 무엇을 바라보느냐에 따라 삶의 태도가 달라지기 때문이다. 꿈을 가지고 꿈을 바라보고 살아가는 사람은 꿈을 준비하며 산다. 돈을 바라보며 살아가는 사람은 돈을 버는 데 모든 삶의 초점이 맞춰져 있다. 죽음을 바라보고 살아가는 사람은 기회만 있으면 죽으려고 한다.

2차 세계대전 당시 한 젊은 병사와 결혼해서 캘리포니아 사막에서 살게 된 한 여인이 있었다. 남편을 따라가기는 했지만 사막의 황량함과 혼자 지내야 하는 지루함을 참다못한 그녀는 마침내 친정어머니에게 편지를 띄웠다. "어머니, 저는 집으로 돌아가겠어요. 이 메마른 사막이 너무나 싫습니다. 이곳은 살기에 너무 끔찍한 지역이랍니다." 그녀의 어머니가 답장을 보내왔다. 거기엔 아주 짧은 글이 쓰여 있었다. "두 사람이 감옥의 철창을 내다보고 있었다. 한 사람은 진흙을 보았고 한 사람은 별을 보았단다."

어머니가 보낸 글의 의미를 깨달은 새댁은 별을 찾기로 결심했다. 그녀는 사막의 꽃인 선인장을 연구하기 시작했다. 또한 근처 인디언의 말과 풍습, 전통을 연구했다. 그 결과 남편의 군 복무기간이 끝날 즈음에 그녀는 사막 전문가가 되어 좋은 책을 쓰기까지 했다. 새댁이 사막의 황량함을 바라보았을 때는 지루해서 삶 자체가 너무 힘들었다. 하지만 어머니의 말대로 시선을 옮겼을 때 삶이 완전히 바뀌게 되었다. 무엇을 바라보느냐는 이런 큰 차이를 만든다.

모세를 향해 원망하는 이스라엘 백성

　하나님께서는 애굽땅에서 430년 동안 노예 생활을 하고 있던 이스라엘백성을 10가지 재앙을 통해 애굽땅을 빠져 나오게 하셨다. 애굽땅을 나온 이스라엘백성은 기쁨과 환희에 찼다. 구름기둥의 인도와 불기둥의 보호를 받으며 약속의 땅 가나안을 향해 가고 있었다. 이스라엘백성이 애굽에서 나간 후에 바로의 마음은 다시 강퍅해졌다. 바로는 애굽의 모든 병거와 군사들을 거느리고 이스라엘백성을 추격하였다. 애굽군대는 먹이를 사냥하는 맹수처럼 이스라엘백성이 있는 곳을 향해 쉼 없이 달려갔다. 이스라엘백성은 추격해 오는 애굽군대를 바라보게 된다. 그 순간 피가 거꾸로 쏟는 것 같았다. 이스라엘백성은 새로운 삶에 대한 기대를 가지고 가나안땅으로 발걸음을 옮기고 있었다. 하지만 애굽군대를 바라보는 순간 죽음에 대한 공포가 확 몰려왔다. 두려움이 너무나 커 순간적으로 여호와께 부르짖었지만 죽음의 공포는 가시지 않았다. 죽음의 공포는 모세를 향한 원망으로 이어졌다.

　　"그들이 또 모세에게 이르되 애굽에 매장지가 없어서 당신이 우리를 이끌어 내어 이 광야에서 죽게 하느냐 어찌하여 당신이 우리를 애굽에서 이끌어 내어 우리에게 이같이 하느냐 우리가 애굽에서 당신에게 이른 말이 이것이 아니냐 이르기를 우리를 내버려 두라 우리가 애굽 사람을 섬길 것이라 하지 아니하더냐 애굽 사람을 섬기는 것이 광야에서 죽는 것보다 낫겠노라" 출14:11-12

바라봄이 차이를 만든다

방금 전 자유의 몸이 되었다는 기쁨과 환희에 찬 이스라엘백성의 모습은 사라지고 없었다. 모든 것이 모세를 향한 원망으로 바뀌었다. 이들이 모세를 향해 원망하고 있는 것 같지만 실제로 하나님을 원망하고 있었다. 노예지만 애굽에서 잘 살고 있었는데, 왜 광야로 인도해 죽게 하느냐고 하나님을 향해 원망하고 있다.

똑같은 상황을 맞이하고 있지만 이스라엘백성과 모세의 행동은 달랐다. 모세는 애굽군대가 병거를 타고 추격해 오는데도 조금도 두려워하지 않았다. 무서워하지 않았다. 오히려 담대하게 백성을 향해 외쳤다.

"모세가 백성에게 이르되 너희는 두려워하지 말고 가만히 서서 여호와께서 오늘 너희를 위하여 행하시는 구원을 보라 너희가 오늘 본 애굽 사람을 영원히 다시 보지 아니하리라 여호와께서

너희를 위하여 싸우시리니 너희는 가만히 있을지니라." 출14:13-14

모세는 이스라엘백성에게 두려워하지 말라고 한다. 여호와께서 너희를 위해 행하는 구원을 보라고 한다. 애굽군대를 다시 보지 못할 것이라고 한다. 여호와께서 너희를 위해 싸울 것이니 가만히 있으라고 한다. 왜 이런 차이가 나는 것일까? 바라봄의 차이다. 이스라엘백성은 자신들을 죽이려 달려오는 애굽군대를 바라보았다. 애굽군대 앞에서 그들이 할 수 있는 것은 아무것도 없다고 생각했다. 죽음뿐이라고 생각했다. 하지만 모세는 애굽군대가 아니라 여전히 이스라엘백성을 인도하시는 하나님을 바라보았다. 이스라엘백성을 위해 싸우시는 하나님을 바라보았다. 하나님께서 행하실 구원의 역사를 바라보았다.

하나님을 바라보면 두려울 것이 없다

하나님께서 애굽땅에서 어떤 일을 행하셨는가? 열 가지 재앙을 행하셨다. 상상할 수도 없는 열 가지 재앙을 내리시고 애굽땅에서 이스라엘백성을 이끌어 내셨다. 또한 이스라엘 백성을 구름기둥으로 인도하시고 불기둥으로 보호하셨다. 애굽군대가 쫓아오는 이 시점에도 앞에는 여전히 구름기둥이 있었다. 하지만 이스라엘백성은 애굽군대를 바라보고 있어서 구름기둥이 보이지 않았다. 앞서 행하시는 하나님이 보이지 않았다. 반면에 모세는 구름기둥으로 앞서 행하시고 싸우시는 하나님을 바라보았다. 하나님을 바라보니 두려울 것이 없었다. 동일한 상황이지만 애굽군대를 바라보느냐, 하나님을 바라보느냐는 이런 큰 차이를 만든다. 하나님의 백성이 좌절하고 절망하는 이유가 무엇인가? 바라봄의 대상이 잘못되었기 때문이다.

이순신장군은 보는 것이 달랐다

2014년 여름 대한민국을 후끈 달아오르게 한 영화가 있었다. 1760만 명의 관객이 본 '명량'이라는 영화다. 많은 사람들이 12척의 배로 330척이 넘는 왜군을 물리친 기적과 같은 명량대첩을 시간과 공간적인 개념으로 분석한다. "소용돌이치는 물살로 유명한 울돌목이었으니까", "조류가 바뀌는 시간을 잘 이용했으니까" 이순신 장군이 승리했다고 생각한다. 하지만 이순신장군이 가장 신경을 썼던 것은 사람이었다. "만일 그 두려움을 용기로 바꿀 수 있다면 말이다. 그 용기는 백 배, 천 배, 큰 용기로 배가 되어 나타날 것이다." 배가 12척 밖에 남아있지 않은 상황에서 부하장수들과 병사들은 겁에 질려있었다. 이순신장군에게 이들의 두려움을 용기로 바꾸기 위해 필요했던 시간과 공간이 바로 울돌목이었다.

이순신장군이 울둘목에서 선택한 전략은 '일자진'이었다. 조선수군은 왜적의 대군이 몰려오자 대장선을 버려두고 후퇴 한다. 대장선에는 '초요기'가 있다. '초요기'는 대장선에서 다른 배를 부를 때 올리는 깃발이다. '초요기'가 올라가면 다른 배들은 무조건 대장선이 있는 곳으로 와야 한다. 그렇게 하지 않으면 상관에 대한 항명죄로 죽임을 당하게 된다. 이순신장군은 뒤로 물러나 있는 부하들을 보고도 '초요기'를 올리라는 명령 하지 않았다. 오히려 "닻을 내리고 전투 준비를 서둘러라"고 명령했다. 이순신장군은 두려움에 휩싸여 있는 부하들이 대장선에서 '초요기'를 올린다고 해도 오지 않을 것을 알고 있었다. 이순신장군은 부하들이 가지고 있는 두려움을 용기로 바꾸기 위해 대장선에서 홀로 외군을 상대했다. 결과가 어떻게 되었는가? 그 모습을 지켜보던 부하장수의 배들이 대장선과 함께 협력해서 승리를 이끌게 된다.

이순신 장군과 부하장수들이 바라보는 것이 달랐다. 이순신 장군은 부하장수들의 두려움이 용기로 바뀌면 이길 수 있다는 것을 바라보았다. 그것을 이루기 위해 목숨 걸고 혼자 처절한 싸움을 했다. 부하장수들은 왜군들의 어마어마한 숫자만을 바라보고 겁먹고 물러났다. 무엇을 바라보느냐의 차이는 이렇게 크다. 이순신장군이 부하장수들과 똑같이 왜군의 330척이 넘는 배만 보고 두려워했다면 결코 승리하지 못했을 것이다.

바라보는 대상에 따라 해석이 달라진다

지금 무엇을 바라보고 있는가? 사람을 바라보고 절망하고 있지 않는가? 어려운 환경을 바라보고 낙심해 있지 않는가? 하나님의 백성은 사람과 환경을 바라보는 것이 아니라 그 위에 계시는 주님을 바라보아야 한다. 히브리서기자는 '믿음의 주요 또 온전하게 하시는 이인 예수를 바라보자'히12:2고 말씀했다. 우리가 정말 바라봐야 할 대상은 사람도 환경도 세상도 아니라 주님이다. 왜 주님을 바라보아야 하는 가? 주님을 바라볼 때 해석이 달라진다. 바라보는 관점이 달라진다. 모세와 이스라엘백성 모두는 애굽군대가 쳐들어오는 똑같은 상황가운데 놓여있었지만 그 상황에 대한 해석이 달랐다. 하나님을 바라본 모세의 해석과 애굽군대만을 바라본 이스라엘백성의 해석은 하늘과 땅차이였다.

실패박물관

미국 미시건주 앤아버에는 아주 특별한 박물관이 있다. 실패박물관이다. 실패박물관은 지금 아버 전략그룹에서 운영 중이다. 마케팅의 구루인 로버트맥매스가 40여년에 걸쳐 수집한 7만여 개의 제품들을 아버 전략그룹에서 2001년 구입했다. 현재는 총300여개의 카

테고리로 되어있고 10만 여개의 제품들이 전시되고 있다. 여기에 전시된 제품들은 상품화되지 못하고 실패한 것들이다. 재미있는 것은 글로벌기업의 경영진들이 이곳을 자주 찾아온다는 사실이다. 이유가 뭘까? 이곳이 '실패박물관'이기도 하지만 '도전박물관'이기 때문이다. 글로벌기업의 경영진들은 도전하다가 실패한 제품들을 보면서 새로운 아이디어를 많이 얻는다고 한다. 어떤 경우 그 당시에는 실패한 제품이지만 현재 상품화한 제품도 있다고 한다. 실패박물관을 실패의 관점으로 바라보면 실패박물관에 불과하다. 하지만 실패박물관을 도전의 관점으로 바라보는 사람에게는 도전박물관이 된다.

주님을 먼저 바라보라

천재 발명가인 토마스 에디슨은 "나는 실패한 것이 아니다. 나는 효과가 없는 10,000개의 방법을 발견한 것뿐이다."라고 말했다. 에디슨은 전구를 만들기 위해 10.000번의 시행착오를 겪었다. 그는 시행착오를 겪을 때 마다 그것을 '실패'로 바라본 것이 아니라 전구가 켜지지 않는 또 한 가지 방법을 '발견'했다고 바라보았다.

우리가 주님을 바라볼 때 실패는 단지 실패로 끝나지 않는다. 실패조차도 승리의 삶을 위한 하나의 과정으로 바라보게 된다. 어려운 환경 역시 마찬가지다. 나를 힘들게 하는 환경으로 바라보는 것이 아니라 그 환경을 통해서 나를 만들어 가시는 하나님의 사랑을 바라보게 된다. 그러므로 하나님의 백성은 어떤 상황에도 주님을 먼저 바라보는 사람이 돼야 한다.

때문에의 인생 & 덕분에의 인생

세상에는 '때문에'의 인생을 사는 사람과 '덕분에'의 인생을 사는 사람이 있다. 삼성경제연구소에서 발간한 《수종혜》라는 책에 '때문에'와 '덕분에'를 이렇게 해석했다.

> "'때문에'는 상대방에게 모든 책임을 떠넘기는 책임 전가형 단어이다. '때문에' 형 인간은 자신의 입장에서 주로 생각하며 자신을 정당화하는 상황설명을 늘어놓는다. 이에 반해 '덕분에'는 결과를 감사하게 받아들이는 감사 포용형 단어이다. '덕분에'형 인간은 상대방의 입장에 서서 그들을 이해하고 배려한다."

'때문에'는 부정의 언어다. 부모님 때문에, 친구 때문에, 가난 때문에, 환경 때문에, 상처 때문에 이 모양, 이 꼴이 되었다고 말한다. 반대로 '덕분에'는 긍정의 언어다. 부모님 덕분에, 친구 덕분에, 가난 덕분에, 환경 덕분에, 상처 덕분에 오늘 내가 있다고 감사한다.

알코올 중독자 아버지를 둔 쌍둥이 형제가 있었다. 쌍둥이 형제가 성장했을 때 둘의 인생은 극과 극이 되었다. 형은 알코올 중독자가 되었고, 동생은 유명한 변호사가 되었다. 어떤 기자가 형에게 어떻게 알코올 중독자가 되었는지 물었다. 형은 대답했다. "알코올 중독자였던 아버지 때문입니다. 아버지가 알코올 중독자니 자식도 그렇게 되는 게 당연한 것 아닙니까?" 이번에는 기자가 동생에게 어떻게 변호사가 되었는지를 물었다. 동생은 대답했다. "알코올 중독자였던 아버지 덕분입니다. 아버지처럼 되고 싶지 않아서 열심히 공부했습니다." 똑같은 알코올 중독자 아버지의 아들인데 형은 아버지 때문에 알코올 중독자가 되었다고 말한다. 동생은 아버지 덕분에 변호사가 되었다고 말한다.

햇빛이 비추면 반드시 그림자가 생긴다. 이 말은 사물에 어두운 면이 있으면 밝은 면도 존재한다는 뜻이다. 어떤 일이나 문제도 마찬가지다. 실失만 있는 것이 아니라 그 이면에는 득得도 분명히 있다. '때문에'의 삶을 사는 사람은 어두운 면에만 주목하는 사람이다. 밝은 면이 있는데도 색안경을 끼고 어두운 면만 본다. '덕분에'의 삶을 사는 사람은 밝은 면을 주목하는 사람이다. 비구름이 몰아치지만 그 위에 변함없이 떠있는 태양을 바라본다. 어차피 한 번 사는 인생, '때문에'의 삶이 아니라 '덕분에'의 삶을 살아야 한다.

베드로를 바라보는 주님의 시선

베드로는 예수님을 세 번이나 저주하면서 부인했다. 다른 복음서와 달리 누가복음에는 예수님께서 세 번 부인한 베드로를 바라본 것으로 기록 되어 있다.

> "주께서 돌이켜 베드로를 보시니 베드로가 주의 말씀 곧 오늘 닭 울기 전에 네가 세 번 나를 부인하리라 하심이 생각나서"
>
> 눅22:61

예수님은 자신을 세 번씩이나 모른다고 부인하는 베드로를 어떤 눈으로 바라보셨을 까? '이 나쁜 놈, 나의 수제자라고 하는 놈이 어떻게 그럴 수가 있어. 내가 부활해서 다시 만나기만 해봐라. 그냥 두지 않겠다.' 이런 마음으로 바라보셨을까? 아니다. 예수님은 베드로를 측은한 눈빛으로 바라보셨을 것이다. '베드로야 괜찮아, 지금 네가 나를 부인했지만 너는 이 사건 덕분에 나에게 더 순종하고 신실하게 쓰임 받는 제자가 될 거야.' 예수님은 현재 자신을 부인하고 있는 베드로를 바라보고 있는 것이 아니다. 이 사건 덕분에 장차 더 크게 주님께 쓰임 받는 베드로의 모습을 바라보고 계신다.

예수님 시선으로 모든 것을 바라보라

바라봄이 차이를 만든다면 우리에게는 예수님 시선이 필요하다. 나의 시선이 아닌 예수님 시선으로 바라본다는 것은 어렵다. 우리는 육신의 눈을 가지고 보이는 대로 본다. 그러므로 훈련해야 한다. 어떤 상황에도 예수님을 먼저 바라보는 훈련을 해야 한다. 예수님 시선으로 바라보는 훈련을 해야 한다. 예수님 시선으로 바라본다는 것은 어떤 상황이나 사건들을 예수님을 통해 바라보는 것을 뜻한다. 곧 눈에 보이는 대로 상황과 사건을 바라보는 것이 아니라 예수님을 가운데 세워놓고 예수님을 통해 모든 것을 바라보는 것이다. 예수님을 통해 바라볼 때 모든 것이 새롭게 해석된다. 보이지 않는 것이 보이기 시작한다.

신 앙 은

역 설 이 다

"

사람에게 중요한 것은
원하는 것을
이루는 것이 아니라
인생에 필요한 것을
채워가고
이루어가는 것이다.
필요한 것을
채우지 않고
원하는 것만 쫓아가면
늘 부족함만 느끼며
살게 된다.
내가 원하는 것을
다 얻을 수는
없다.

"

03
원함이 아니라
필요로
살라

마26:36-46

로또 1등에 당첨된다면...

로또정보 업체가 2012년 3월 17일부터 31일까지 4,012명의 회원들을 대상으로 "로또에 당첨되면 가장 먼저 하고 싶은 일이 무엇입니까?"라는 주제로 인터넷 투표를 실시했다. 1위는 전체에 60.4%에 해당되는 2,443명이 투표한 "빚을 갚는다."였다. 이는 집집마다 가계부채가 많다는 것을 말해준다. 2위는 11.8%로 "부동산을 구입한다." 3위는 8.7%로 "은행에 저축한다." 그 다음은 순서로는 "가족, 친척, 친구 등에게 나눠준다.", "자동차, 명품 등 사고 싶었던 것을 산다.", "사업을 한다." 순으로 나왔다. 당신은 로또 1등에 당첨되면 가장 먼저 무엇을 하고 싶은가?

소유적 방식 & 존재적 방식

에릭프롬은 《소유냐 존재냐》에서 사람이 세상을 살아가는 삶의 방식을 2가지로 나눈다. 첫째, 소유적 방식이다. 둘째, 존재적 방식이다. 소유적 방식으로 인생을 살아가는 사람들은 소유에 가치를 부여하고 살아가는 사람이다. 이들은 돈이나 재물이나 명예나 권력 같은 것에 주된 가치를 둔다. 곧 소유적 방식은 과거에 가졌던 것을 현재에 비교하고 미래를 위해 소유를 늘려가면서 삶의 만족과 행복을 얻으려는 삶의 방식이다. 소유적 방식으로 인생을 살아가는 사람들은 지금 가진 것보다 더 많이 가지려고 애쓴다. 자신이 원하는 만큼 가졌다고 해서 만족할까? 더 가지려고 한다. '내 집만 있으면 소원이 없겠다'고 했는데 막상 내 집을 소유하자 더 큰 집을 소유하려는 욕심이 생긴다.

소유적 방식의 삶을 살아가는 사람은 그 대상을 사물에 국한 시키지 않고 사람에게까지 확대한다. 부하직원을 자신의 소유로 생각하는 상사는 함부로 대한다. 갑질까지 한다. 자녀를 자신의 소유물로 생각하는 부모는 자기 뜻대로 자녀의 삶을 끌고 가려고 한다. 교회를 자신의 소유로 생각하는 목사는 자기 마음대로 하려고 한다. 세습하려고 한다.

반면에 존재적 방식의 삶을 살아가는 사람들은 현재 숨 쉬고 살아가는 자체에 주된 가치를 둔다. 무엇을 많이 소유했느냐가 아니라 존재 자체에 의미를 둔다. 이들은 과거에 집착하지 않는다. 다가올 미래도 걱정하지 않는다. 오히려 현재의 삶에 충실하며 삶의 만족과 행복을 얻으려고 한다. 소유적 방식의 삶이 아니라 존재적 방식의 삶을 살아야 한다.

원하는 것과 필요한 것은 차이가 있다

사람은 이 세상을 살아가면서 원하는 것들이 많다. 하고 싶은 일들이 많다. 그런데 원하는 것들이 그 사람의 인생에 꼭 필요한 것은 아닌 경우가 많다. 사람은 보통 이렇게 생각한다. '내가 필요하니까 원하는 게 아닌가?', '내가 원하니까 필요한 게 아닌가?' '필요한 것'과 '원하는 것'은 차이가 있다. 내가 원한다고 해서 다 필요한 것은 아니다. 필요하다고 해서 다 원하는 것도 아니다. 원하는 것이 자신의 인생에 필요한 것과 일치하는 것도 있지만 그렇지 않은 경우들이 많다. 때론 불필요한 것도 있다. 해로운 것도 있다. 탐욕스러운 것도 있다.

비도덕적인 것도 있다.

욕심은 끝이 없다

여성은 가방을 좋아한다. 평소 가방이 몇 개나 필요한지 생각해 본 일이 있는가? 2-3개정도만 되면 충분하지 않을까? 욕심을 부리면 그 정도로 만족할 수 없다. '루이뷔통'이라는 명품가방만 30개를 가지고 있는 여성도 있다고 한다. 30개나 있는데도 신제품이 나오면 다시 새것을 원하는 것이 욕심을 가진 인간의 모습이다. 사람의 욕심과 욕망은 끝이 없다. 결혼하지 않는 미혼 남녀에게 필요한 이성은 한 명이다. 하나님이 짝지어주신 한 명의 배우자만 있으면 충분하다. 그러나 원하는 대로 하라고 하면 이야기는 달라진다. 돈과 능력이 있는 사람은 한 사람으로 만족하지 않을 것이다.

원하는 것이 아니라 필요를 채워야 한다

사람에게 중요한 것은 원하는 것을 이루는 것이 아니라 인생에 필요한 것을 채워가고 이루는 것이다. 필요한 것을 채우지 않고 원하는 것만 쫓아가면 늘 부족함만을 느끼며 살아가게 된다. 내가 원하는 것을 다 얻을 수는 없다. 살다 보면 내가 원하지 않지만 필요한 일은 해야 한다. 병원에 가기 싫어하는 사람들이 많다. 몸이 아픈데도 병원에 가지 않으면 어떻게 될까? 병을 더 키우게 된다. 힘들어도 병원에 가서 진료 받고 약을 먹어야 낫는다. 내가 원하지 않지만 내 몸이 필요하면 그렇게 해야 한다. 특별히 그리스도인은 내가 원하는 삶이 아니라 하나님께서 필요로 하는 삶을 살아야 한다. 내가 하고 싶은 일을 하는 것이 아니라 하나님이 원하는 일을 해야 한다.

예수님의 초점은 하나님의 원함이다

예수님은 십자가 죽음을 앞에 두고 베드로와 야고보와 요한을 데리고 겟세마네 동산으로 기도하러 가셨다. 예수님은 제자들을 세우고 사역을 하시면서 기도 부탁을 하신 적이 한 번도 없었다. 이번에는 달랐다. 십자가 죽음을 앞두고 예수님 마음이 힘들고 슬퍼서 제자들에게 깨어 나를 위해 기도해달라고 부탁하셨다. 그리고 제자들과 돌 던질 만큼 떨어져 하나님께 간절히 기도하셨다. 누가복음에 보면 예수님께서 땀방울이 흘러 핏방울처럼 되기까지 간절히 기도하셨다고 말씀한다.

예수님께서 그렇게 간절하게 기도했던 기도의 제목이 무엇인가? "내 아버지여 만일 할 만하시거든 이 잔을 내게서 지나가게 하옵소서 그러나 나의 원대로 마시옵고 아버지의 원대로 하옵소서"마26:39절이 기도를 좀 쉽게 표현해보자. "아버지, 십자가에서 죽는 것 외에 다른 방법은 없습니까? 꼭 십자가에서 죽어야만 합니까? 십자가만 큼은 피했으면 좋겠습니다. 하지만 이것은 제가 원하는 것이고 아버지가 원하시는 대로 해주십시오." 예수님 기도의 결론은 자신의 원함이 아니라 하나님의 원함이었다. 결국 예수님은 하나님이 원하시는 뜻대로 십자가에 죽으심으로 인류를 구원하셨다.

예수님은 제자들에게 이런 말씀을 하셨다. "나의 양식은 나를 보내신 이의 뜻을 행하며 그의 일을 온전히 이루는 이것이니라"요4:34 예수님의 삶의 목적은 하나님의 뜻을 행하며 그것을 온전히 이루는 데 있었다. 예수님은 이 땅에서의 삶뿐만이 아니라 죽음을 앞둔 그 순간까지도 자신의 원함이 아닌 하나님의 뜻을 이루는 데 초점을 맞추셨다.

원함이 아니라 필요로 살아야 하는 이유

원함이 아니라 왜 필요로 살아야 하는 것일까? 원함이 아니라 필요로 살아갈 때 만족이 있고 행복한 삶을 살 수 있다. 불만족은 원함을 분모로 하고 채움을 분자로 한다불만족=채움/원함. 채워지는데도 만족하지 못하는 것은 원함으로 살기 때문이다. 원함은 무한대의 탐욕적 성격을 가지고 있다. 만 개를 가져도 불만이다. 채워도 채워도 만족이 없다.

진정한 만족은 분모가 필요로 바뀔 때 나타난다_{만족=채움/필요}. 사람에게 필요한 것은 몇 개 되지 않는다. 조금의 채움만 있어도 얼마든지 만족할 수 있다. 진정한 만족이란 더 많은 채움에 있는 것이 아니다. 삶의 분모가 원함에서 필요로 바뀔 때 온다. 필요를 따라 살면 만족한다. 풍성한 생명을 맛본다. 하나님과의 관계도 마찬가지다. 나의 원함이 아니라 하나님의 원함으로 살면 만족하고 행복하다. 내가 원하는 삶이 아니라 하나님께서 필요로 하는 삶을 살아드릴 때 하나님의 영광이 나타난다.

지금까지 어떠한 삶을 살았는가? 원함을 분모로 삼고 살아왔는가? 아니면 필요를 분모로 삼고 살아왔는가? 하고 싶은 대로 원하는 삶을 살아왔는가? 아니면 하나님의 뜻을 구하고 하나님께서 원하시는 삶을 살기 위해서 발버둥 치며 살아왔는가? 혹이라도 나의 원함으로 살았다면 이제 필요를 위해 살아야 한다. 내 뜻대로 사는 것이 아니라 하나님의 뜻대로 살아야 한다.

'브루스 올마이티'

만일 사람이 원하는 대로 다 이루어지면 세상 가운데 어떤 일이 벌어질까? 욕심으로 구한 기도까지도 하나님께서 응답해 주신다면 어떤 일이 벌어질까? 2003년에 상영했던 짐케리가 주연한 '브루스 올마이티'Bruce Almighty라는 영화가 있다. 영화의 주인공 브루스는 뉴욕의 버펄로 지방 방송국의 뉴스 리포터였다. 그는 재미있고 소박한 이웃들의 얘기를 단골로 맡아 재미있는 입담으로 사람들을 즐겁게 해주는 리포터였다. 하지만 정작 자신이 하고 있는 일이 별 볼 없는 일이라고 생각했다. 그는 곧 은퇴할 앵커의 후임이나 적어도 극적인 사건 현장을 전하는 것이 꿈이었다. 이런 부르스는 모든 삶이 불만이었고 쉴 새 없이 그것을 신에게 쏟아 놓았다.

어느 날 신이 브루스에게 나타나 "내 대신 이 세상을 잘 다스릴 수 있겠느냐?"고 묻는다. 브루스는 잘 할 수 있다고 대답한다. 신은 브루스에게 두 가지 조건하에 전지전능한 능력을 주면서 세상을 잘 이끌어보라고 한다. 첫째, 아무리 전능하지만 사람의 마음은 움직일 수 없다. 둘째, 자신이 신이라는 것을 꼭 숨겨야 한다. 전지전능한 능력을 받아 신이 된 브루스는 얼마나 신이 났는지 모른다. 마음먹은 대로 모든 것이 다 되었다. 꽉 막힌 도로에서 마음만 먹었는데 차들이 다 비키면서 길을 만든다. 날씨도 마음대로 할 수 있고 사랑하는 애인을 위해 달도 가까이 당겨 올 수 있었다. 원하는 앵커 자리까지도 오르게 된다.

하지만 날마다 브루스를 힘들게 하는 것이 있었다. 밤만 되면 이상한 소리가 들렸다. 가만히 들어보니 사람들의 기도 소리였다. 신이

해야 할 일 중에 하나가 사람들의 기도를 듣고 응답해주는 일이었다. 브루스는 이 일이 귀찮아 모든 기도의 제목들을 컴퓨터에 입력시키고 'yes'라고 응답했다. 어떤 일이 벌어졌을까? 난리가 났다. 복권1등 당첨자들이 쏟아졌다. 대학은 정원이 초과되었다. 도시에는 재앙이 일어났다. 지금도 하나님께서 어떤 기도든지 다 응답해 주시면 똑같은 일이 일어나지 않겠는가? 인간이 원하는 대로 다 해주면 세상이 난리가 난다. 사람의 원함은 좋은 것도 있지만 악한 것들도 많다. 욕심으로 기도하는 성도들도 있다. 그 모든 것이 다 이루어지면 세상은 혼란에 빠질 수밖에 없다.

원하는 것만 추구하는 이스라엘백성

이스라엘백성은 애굽에서 430년 동안 노예로 있었다. 노예였던 이스라엘백성은 애굽에서 탈출하기 원했다. 하나님께서는 이들의 부르짖음을 들으셨다. 모세를 통해서 출애굽을 이루셨다. 이스라엘백성은 하나님의 놀라운 역사로 출애굽 했지만 그 후에 마실 물이 없자 금방 원망을 쏟아냈다. 하나님께서 마실 물을 주시자 이번에는 먹을 것이 없다고 불평했다. 하늘양식인 만나로 배를 채우게 되자 같은 것만 먹기 지겹다고 고기를 달라고 원망했다. 하나님께서는 메추라기를 보내어 배불리 먹이셨다. 하나님의 설득과 권면에도 이스라엘백성은 원하는 것만 계속 추구했다.

원함은 재앙이 될 수도 있다

하나님께서는 하나님의 백성이 매달리면 구하는 것을 주신다. 매달리는 자식에게 그것을 허락하는 아버지의 심정과 같다. 둘째 아들이 유산을 달라고 했을 때 아버지는 살아있음에도 유산을 준다. 내가 원하는 것을 얻었다고 좋아만 해서는 안 된다. 하나님이 그것은 아니라고 하시는데도 떼를 써서 받아내면 오히려 불행이 된다. 심판받는다.

이스라엘백성이 고기를 원하자 하나님께서 메추라기를 주셨다. 그 이후 상황을 이렇게 기록하고 있다.

"백성이 일어나 그 날 종일 종야와 그 이튿날 종일토록 메추라기를 모으니 적게 모은 자도 열 호멜이라 그들이 자기들을 위하여 진영 사면에 펴 두었더라 고기가 아직 이 사이에 있어 씹히기 전에 여호와께서 백성에게 대하여 진노하사 심히 큰 재앙으로 치셨으므로 그 곳 이름을 기브롯 핫다아와라 불렀으니 욕심을 낸 백성을 거기 장사함이었더라" 민11:32-34

이스라엘백성은 원하는 대로 고기를 얻었다. 그것은 재앙이었다. 이스라엘백성이 왕을 구할 때도 마찬가지였다. 이스라엘백성은 사무엘이 나이가 들자 왕을 세워 달라고 요구한다. 하나님께서는 기뻐하지 않으셨다. 하나님께서는 친히 이스라엘백성을 다스리는 왕이 되기를 원하셨는데 인간 왕을 요구했기 때문이다. 하나님께서는 이런 마음을 사무엘을 통해 말씀했지만 그들은 여전히 인간 왕을 고집했다. 결국 인간 왕을 허락하셨다. 그렇게 해서 세워진 이스라엘의 초대왕이 사울이다. 결과적으로 사울왕 때문에 이스라엘백성이 얼마나 많은 고통을 맛보았는가? 원한 것이 심판이 될 수 있다는 것을 잊지 말아야 한다.

원함과 필요를 분별하라

원함이 아니라 필요로 살아가는 인생이 되기 위해서는 어떻게 해야 할까?

첫째, 분별해야 한다. 삶의 모든 영역에서 내가 원하는 것인지 내 삶 가운데 필요한 것인지를 분별해야 한다. 이것은 그렇게 어렵지 않다. 조금만 생각해 보면 된다. 예를 들면 이렇다. 대형마트에 먹거리나 집에 필요한 것을 사기 위해서 갔다. 그런데 대형마트에 가면 어떤가? 충동구매를 한다. 특히 '1+1 행사'품목을 많이 구매한다. 당장 필요는 없는데 싸다는 이유로 충동구매를 한다. 또 대형마트에는 상시적으로 입구나 1층 매장에 옷을 세일하는 곳이 있다. 그 곳에 잠시 들렀다가 싸다는 이유로 옷을 구입한다. 이 이야기는 나의 이야기다. 이렇게 구입해 입지 않는 옷이 꽤 있다.

우리는 이런 문제만이 아니라 다양한 일들 앞에서 원함이 아니라 필요로 살아야 한다. 대부분의 문제들은 조금만 생각해 보면 내가 원해서 인지 필요로 해서 인지를 분별 할 수 있다. 초대교회의 특징을 살펴보면 한 가지 단어가 반복 된다. 그 단어는 '필요'다.

> "또 재산과 소유를 팔아 각 사람의 필요를 따라 나눠 주며"
>
> 행2:45절

> "사도들의 발 앞에 두매 그들이 각 사람의 필요를 따라 나누어
> 줌이라" 행4:35절

믿음 공동체인 교회는 필요에 민감한 모임이었다. 필요를 추구하면 생명이 충만해진다. 욕망을 추구하면 죽음에 이르게 된다.

그리고 하나님의 백성은 내가 원하는 대로 살아가는 것이 아니라 하나님의 뜻대로 살아가야한다. 하나님께서 필요로 하는 삶을 살아야 한다. 이런 측면에서 하나님의 뜻을 분별해야 한다. 예수님은 마

지막 십자가를 앞두고 다시 한 번 하나님의 뜻을 확인하기 위해 기도하셨다. 우리도 하나님의 뜻이 무엇인지 알기 위해 기도해야 한다. 하나님의 뜻을 알았다면 그 뜻대로 예수님처럼 순종하며 살아야 한다.

자족하라

둘째, 자족하며 살아야 한다. 자족할 때 원함이 아니라 필요로 살 수 있다. 내가 더 많이 원하고, 욕심을 부리는 것은 자족하지 못하기 때문이다. 사도바울은 어떤 형편에서든지 자족하기를 배웠다고 했다. 하나님께서 어떤 형편을 허락하시든지 자족할 때 감사할 수 있다.

조지 버나드쇼는 말했다.

"인생에는 불행의 원천이 두 가지가 있다. 하나는 원하는 것을 얻지 못한 것이요, 또 하나는 원하는 것을 얻는 것이다."

조지 버나드쇼는 원하는 것을 얻지 못한 것도 불행이고 원하는 것을 얻는 것도 불행이라고 했다. 이 부분을 신앙적인 입장에서 이렇게 해석할 수 있다.

"내가 원하는 것을 얻는 것도 불행이고 하나님이 원하는 것을 얻지 못하는 것도 불행이다."

그리스도인의 만족과 행복은 원하는 것을 얻는 데 있지 않다. 하나님께서 원하시는 것을 얻는 것에 있다. 하나님께서 필요로 하는 삶을 살아가는 데 있다.

신 앙 은

역 신 이 다

"

사람은

누구나

특별한 존재가

되고 싶어 한다.

특별한 존재는

아무나

되는 것이 아니다.

한순간에 되는 것이

아니다.

지독한

열정이 있어야 한다.

열정만 가지고는 안 된다.

꾸준함이

있어야 한다.

"

04
꾸준함이
특별함을
만든다

창41:37-45

중독과 지독의 차이

한양대학교 유영만 교수는 《체인지》에서 중독과 지독의 차이를 말한다.

"매일매일 하는 일이 그 사람을 말해준다. 하루도 쉬지 않고 매일매일 하는 일이 그 사람의 정체성을 결정해준다. 매일 게임을 하면 게임중독자가 되거나 프로 게이머가 된다. 그 차이는 무엇일까? 전자는 게임을 습관적으로 반복하면서 게임 속에서 헤어 나오지 못하는 사람이지만 후자는 게임을 자신의 업業으로 삼아 자신의 모든 것을 걸고 의미와 가치를 찾는 사람이다. 매일 쇼핑을 하면 쇼핑중독자가 되지만 매일 쇼핑을 도와주면 쇼핑호스트가 된다. 매일 똑같은 일을 하더라도 어떤 사람은 중독되지만, 어떤 사람은 지독한 승부근성으로 그 일을 자신의 평생 업業으로 삼는다. 이것이 '중독'과 '지독'의 차이다. 뭔가에 '중독' 된 사람은 그 일을 습관적으로 반복한다. 그래서 중독은 중증을 일으킨다. 반면 뭔가를 지독한 열정으로 매일같이 반복하는 사람은 어제와 다른 방법으로 남다른 의미와 가치를 추구한다. 그래서 지독함은 '지성至誠이면 감천感天'을 불러온다. 지독한 열정이 지극의 경지에 오를 수 있는 유일한 원동력이다."

열정과 꾸준함이 있어야 특별한 존재가 된다

사람은 누구나 특별한 존재가 되고 싶어 한다. 특별한 존재는 아무나 되는 것이 아니다. 한순간에 되는 것도 아니다. 유명만 교수가 말 한대로 지독한 열정이 있어야 한다. 열정만 있다고 되는 것이 아니라 꾸준함이 있어야 한다. 누구나 열정을 가질 수 있다. '어떻게 하겠다.'는 결심을 할 수 있다. 사람은 한 해를 시작하면서 결심하고 한 해를 지나오면서도 수없는 결심을 하며 산다. 하지만 그 결심을 실천하는 사람은 많지 않다. 또한 실천하는 사람은 있어도 꾸준히 지속하는 사람은 드물다. 어떤 분야에 고수가 드문 것은 꾸준하게 지속하는 사람이 적기 때문이다.

1만 시간의 법칙

최고의 경지에 이르려면 어떻게 해야 할까? 특별한 존재가 되려면 얼마나 연습을 해야 할까? 어떤 분야에 최고의 자리에 있는 사람들의 행적과 이야기를 종합해보면 적어도 1만 시간의 연습이 필요함을 알 수 있다. 이것을 '1만 시간의 법칙'이라고 한다. 1만 시간은 하루 3시간, 1주일에 20시간씩 모두 10년을 훈련하면 채워진다. 하루 6시간을 투자한다면 5년이 걸린다.

1만 시간을 투자하면 그 분야에서 정말 최고의 전문가가 될 수 있을까? 가장 먼저 1만 시간의 법칙을 주장한 에릭슨 박사는 말한다.

"많은 사람이 1만 시간의 법칙을 오해하고 있다. '1만'이라는 숫자에만 지나치게 집착하고 있다. 1만 시간의 법칙은 얼마나 올바른 방법으로 실행했는지에 달려있다. 많은 사람들이 1만 시간이라는 숫자에만 집착을 했지 방법과 질에 대해서는 놓치고 있다. 그렇기 때문에 노력이 배신을 한다는 말이 나오는 것이다. 무조건 1만 시간을 채운다고 한들, 미친 듯이 노력한다고 한들 전문가가 될 수 있을까? 나의 대답은 'NO'다."

기계적인 노력 & 의식적인 노력

에릭슨 박사는 두 종류의 노력이 있다고 말한다. 첫째, 어느 정도 만족할 만한 수준에 도달 가능한 기계적인 노력이다. 둘째, 해당분야에 전문가를 가능케 하는 의식적인 노력이다. 에릭슨 박사는 많은 사람들이 하는 무조건적인 노력은 기계적인 노력에 불과하다고 말한다. 더 높은 수준에 도달하기 위해서는 의식적인 노력이 필요하다는 것이다. 그리고 의식적인 노력은 세 가지를 해야 한다고 말한다. 첫째, 집중하기. 둘째, 피드백. 셋째, 수정하기다. 최고의 전문가가 되려면 그 분야의 전문가에게 피드백을 받아 자신이 잘하고 있는 지를 점검해야 한다. 잘못하고 있는 것이 있다면 하루 빨리 수정해야 한다. 결국 특별한 존재가 되기 위해서는 꾸준히 의식적인 노력을 해야 한다.

장정혁선수 이야기

　2018년 3월 31일, 청주 충청 대학교 컨벤션센터에서 'TFC 드림 5 한일전'이 열렸다. 한국 장정혁 선수는 일본 신예 천재 권투선수인 니시카와 야마토에게 펀치 세례를 받고 피투성이가 되었다. 누가 봐도 장정혁 선수의 패배가 확실시 되고 있을 때 장정혁 선수는 상대에게 다시 돌진했다. 모두의 예상을 뒤집고 상대방 선수에게 연속 펀치를 성공시켜 프로 데뷔전에서 역전 KO승을 거두었다. 기자가 장정혁선수에게 물었다.

　"도저히 다시 일어설 수 없는 좌절된 상황에서 어떻게 초인적인 힘을 낼 수 있었습니까?" 장정혁선수는 대답했다. "난 한 번 목숨을 걸어 봤기 때문에, 이 정도는 이를 악물고 참았습니다."

　장정혁선수는 탈북민이다. 고작 12살 때 북한에서 굶주림과 죽음을 피해 엄마와 함께 차가운 두만강을 헤엄쳐 건넜다. 어린 정혁이에게 죽음을 무릅쓰고 도착한 중국은 낯설었다. 몸이 마르고 키가 작아 당했던 괴롭힘은 너무도 가혹했다. 그렇지만 정혁이는 더 강해져야 한다고 생각했다. 엄마와 자신을 지키기 위해 헌 옷과 물이 든 페트병을 큰 포대에 넣어 만든 샌드백을 매일 두드리며 권투 연습을 했다. 국적도 신분증도 없는 싸움 잘하는 그에게 폭력과 범죄의 유혹이 그림자처럼 다가왔다. 하지만 정혁이는 엇나가지 않았다. 권투

선수가 되고 싶다는 희망을 가슴에 품고 드디어 2012년 한국에 도착했다. 그 후 새벽 일찍 일어나 수산시장에서 일하며 몸을 단련했다. 그는 단 한 번도 바른길에서 벗어나지 않고 노력에 노력을 더해 프로 권투선수가 되었다. 승리했다. 그의 꾸준함이 특별함을 만들어냈다.

꾸준함으로 특별함을 만들어낸 요셉

요셉은 꾸준함을 통해 특별함을 만들어낸 인물이다. 많은 사람들이 요셉은 바로왕의 꿈 한번 해몽 잘해서 애굽총리가 되었다고 생각한다. 그렇지 않다. 요셉의 꾸준함이 그를 그렇게 만들었다. 요셉은 17살에 형들의 시기 때문에 애굽에 노예로 팔려오게 된다. 요셉은 10년이 넘는 시간동안 보디발 장군의 노예로 생활했다. 분노와 복수심으로 가득 찰 수밖에 없는 상황이었다. 아무리 배다른 형들이라고 해도 어떻게 동생을 노예로 팔아 버릴 수 있는가? 노예의 삶이란 어떤 것인가? 타국에서 노예로 살아가는 자체가 얼마나 고달픈 삶인가?

요셉은 이렇게 어려운 상황가운데서도 원망하지 않았다. 자신이 처해 있는 환경에서 해야 할 일을 꾸준히 성실하게 감당했다. 10년이라는 시간이 지난 후 보디발 장군의 눈에 요셉이 들어왔다. 요셉의 성실한 삶이 보였다. 이방신을 섬기는 보디발장군의 눈에 하나님이 요셉과 함께 하는 것이 보였다. 보디발장군은 요셉을 가정 총무로 세운다. 그것도 잠시, 요셉은 보디발장군 아내의 유혹을 받아들이지 않아 강간미수범으로 감옥에 갇힌다.

요셉은 2년 동안 감옥에 갇혀 있으면서 자신이 해야 할 일을 꾸준히 감당한다. 요셉이 있던 감옥은 왕의 신하들이 갇혀 있는 곳이었다. 요셉은 그들을 통해 2년 동안 이집트의 정치, 경제, 문화에 대해 과외 수업을 받았다. 그리고 감옥에 있을 때 꿈을 해몽해준 술 맡은 관원장 덕분에 바로의 꿈도 해석하게 된다. 요셉은 꿈을 해석한 것으로 그치지 않고 하나님께서 주신 지혜로 7년 풍년과 7년 흉년이 들었을 때 어떻게 해야 하는지에 대한 해결책까지 내놓았다.

이런 요셉의 모습을 보고 바로왕도 모든 신하들도 요셉이 애굽총리가 되는 것을 좋게 여겼다. '나이 30세, 히브리인 노예출신, 강간미수범으로 감옥에 갇혔던 죄수' 이런 꼬리표가 붙은 사람이 어떻게 애굽이라는 대제국의 총리가 될 수 있는 것인가? 먼저는 하나님의 은혜요. 그 다음은 요셉의 꾸준함 때문이다. 하나님께서 요셉의 꾸준함을 보시고 애굽총리로 삼으셨다. 총리가 된 요셉은 자신의 가족들뿐 아니라 애굽 국민들과 주변에 있는 사람들을 살게 했다. 요셉의 꾸준함은 총리자리에 오르고도 변함이 없었다. 그는 안주하지 않고 애굽 온 땅을 순찰했다.

선한영향력을 끼쳐야 한다

일상의 삶을 살아가는 것 자체가 하나님의 은혜다. 평범하게 살 수 있는 것은 하나님의 축복이다. 이 세상에는 일상의 평범함을 누리지 못하고 살아가는 사람들이 많다. 온 인류는 코로나 19로 일상의 삶을 누리는 것이 하나님의 은혜임을 경험하고 있다. 하지만 우리에게 선한 욕심이 필요하다. 선한욕심이란 많은 사람들에게 선한영향력을 미치는 것이다. 평범하게 살면 영향력이 작을 수밖에 없다. 반면에 꾸준함을 통해서 특별한 존재가 되면 요셉처럼 많은 사람들에게 선한영향력을 미치게 된다.

허드슨 강의 기적

2009년 1월15일 뉴욕 라과디아LaGuardia공항을 출발한 여객기 한 대가 노스캐롤라이나 주 샬롯 국제공항Charlotte international Airport으로 향했다. 이 여객기는 이륙 2분 후 새떼와 부딪혀 엔진 2개가 모두 고장이 난다. 관제탑에서 다른 공항에 비상 착륙하도록 유도했지만 체스리기장은 어떤 공항으로도 갈 수 없는 긴박한 상황이라 판단했다. 그리고 허드슨 강으로 활강하는 게 가장 안전하다고 생각했다. 그는 재빨리 허드슨 강으로 가서 착수를 시도한다. 비행기는 앞이 약간 들린 상태로 글라이더처럼 날아가 수면에 닿았다. 날개가 수평으로 물 위로 미끄러져가다 멈췄다. 155명의 승객들은 비행기 날개와 슬라이트 레프트Slide Raft, 비행기 문에 달려 있는 비상용 구호 미끄럼틀인 동시에 구명보트로 재빨리 탈출했다. 영화 같은 장면을 눈앞에서 목격한 인근에 있던 배 14척과 뉴욕 경찰이 바로 달려와 추위와 공포에 떨고 있는 승객들을 신속하게 전원 구조했다. 비행기 이륙 후 불시착까지 6분, 전원 구조까지 총 24분 만에 일어난 일이다. 이 사건을 '허드슨 강의 기적'이라고 부른다.

허드슨 강의 기적을 만들어낸 체슬리기장은 말했다.

> "지난 42년간 성실하게 저축했습니다. 그 저축은 바로 교육과 훈련과 경험입니다. 저축한 것이 큰 액수가 되었고 지난 1월15일 저는 그것을 한 번에 인출했습니다."

허드슨 강의 기적은 우연히 일어난 것이 아니다. 절제절명의 순간, 155명의 생명을 살린 체슬리기장의 고도의 기술과 순간판단력은 매일 성실하게 임한 훈련이 쌓여 만들어진 결과물이었다. 꾸준히 주어진 일을 감당한 체슬리라는 한 사람으로 인해 155명이 살 수 있었다.

타고난 재능이 있어도 꾸준함이 있어야 영재가 된다

예전에 수요일 저녁 SBS에서 방영한 '영재발굴단'이라는 프로그램이 있었다. 이 프로그램은 대한민국 곳곳에 숨어 있는 영재들을 찾아내 그들의 이야기를 들려준다. 한 번은 한국어를 포함해서 4개 국어에 능통한 초등학교 1학년 아이가 나왔다. 이 프로그램을 같이 보고 있던 초등학교학생 막내딸이 이렇게 말했다. "지난번에 아동부 캠프 갔을 때 강은도목사님이 부모님이랑 같이 보지 말아야 할 프로그램이 '영재발굴단'이라고 하던데……." 영재발굴단에 나오는 아이들이 정말 대단하다는 생각이 든다. 이 아이들과 우리아이를 비교해 보면 실망하게 된다. 왜 우리 아이는 이거 밖에 안 될까? 이런 비교를 하니까 강은도 목사가 그런 이야기를 한 것 같다.

하지만 이 프로그램을 보면 배울 것이 참 많다. 거기에 나오는 대부분의 아이들이 타고난 재능을 가지고 있었지만 그것만 가지고는 특별해지는 것이 아니었다. 아이들은 꾸준하게 의지적으로 노력했다. 결국 아이들의 꾸준함이 영재로, 특별한 존재로 만들었다. 이런 모습은 어른도 배워야 할 점이다. 휴대폰 판매원이었다가 영국 오디션 프로그램에서 1등 해서 성악가가 된 폴 포츠는 "어떤 상황에서도 계속하는 것, 그것이 보통 사람의 인생을 특별하게 만든다."고 했다. 보통 사람의 인생이 특별한 인생으로 바뀌는 것은 꾸준함 때문이다.

꾸준한 사람이 하나님께 쓰임 받는다

꾸준한 사람은 하나님께 쓰임 받는다. 곧 준비된 사람이 쓰임 받는다. 디모데후서 2장에서는 큰 집에 여러 그릇이 있지만 주인은 준비된 깨끗한 그릇을 사용한다고 말씀한다. 하나님께 특별한 존재로 쓰임받기를 원하는가? 하나님께서 맡겨주신 일을 꾸준하게 감당하라. 시간만 때우는 것이 아니라 어떤 상황에서도 성실하게 지속적으로 감당하라. 경건에 이르는 연습을 꾸준하게 하라.

> "망령되고 허탄한 신화를 버리고 오직 경건에 이르기를 연습하라 육체의 연습은 약간의 유익이 있으나 경건은 범사에 유익하니 금생과 내생에 약속이 있느니라" 딤전4:7-8

경건은 범사에 유익하며 이 세상뿐만 아니라 내생에도 유익하다.

꾸준한 삶을 사는 비결은 작은 목표를 성취해 나가는 것이다

꾸준한 삶을 산다는 것은 생각보다 쉽지 않다. 내가 맡은 일이든 영적인 삶이든 꾸준히 한다는 것은 어렵다. 꾸준한 삶을 살기 위해서 최종 목표는 높게 잡더라도 목표를 이루어 가는 과정에서 세부 목표를 세워 차근차근 해 나가야 한다. 작은 목표를 세워 하나씩 이뤄나가는 것은 도전을 계속하도록 성취감을 심어준다.

1989년 7월18일, 29세의 청년 마크 웰만이 미국 캘리포니아 주 요세미티 공원의 엘 카피탕 봉우리정상에 올랐다. 미국 전역에서 환호성이 울려 퍼졌다. 사람들은 서로 얼싸안고 자신의 일인 양 감동의 눈물을 흘렸다. 엘 카피탕 봉은 1,000m에 이르는 험한 암벽으로 되어 있었다. 많은 사람이 이 암벽을 수도 없이 오르내렸다. 하지만 웰만이 암벽등반에 성공한 것은 특별했다. 그는 하반신을 전혀 못 쓰는 장애인이었다. 웰만은 1982년 암벽 등반을 하다가 바닥으로 떨어졌다. 그 사고로 허리 아랫부분이 완전히 마비됐다. 의사는 웰만이 두 번 다시 암벽을 오를 수 없다고 말했다. 암벽에 빠져 살던 사나이에게 청천벽력 같은 선고였다. 이런 상황가운데서도 웰만은 좌절하는 대신 재활 훈련을 시작했다. 망가진 하반신 대신 이를 악물고 상체의 근력을 키워나갔다. 뼈를 깎는 고통을 견디며 하루도 훈련을 거르지 않았다. 다시 도전했다. 엘 카피탕 봉이 그의 목표였다.

웰만은 함께 등반에 나선 친구가 암벽에 걸어준 로프를 붙잡고 오직 두 팔의 힘으로만 1,000m 암벽을 오르기 시작했다. 한 번에 15cm씩 자신의 몸을 끌어올렸다. 로프에 매달린 지 9일째 되던 날, 마침내 정상을 밟았다. 그가 처음부터, 1,000m를 목표로 했다면 중도에 포기했을지도 모른다. 까마득한 높이에 압도되어 로프를 놓아 버렸을지도 모른다. 그는 1,000미터를 15cm라는 도달 가능한 목표로 쪼갰고 15cm씩 결국 1,000m를 정복해 냈다.

유영만 교수는 말했다.

"위대함은 작은 실천을 진지하게 반복한 결과물이다. 한 걸음이 먼 걸음을 가게 하고, 1미터의 작은 차이가 100미터의 먼 거리를 완성한다. 모든 위대함은 작은 차이의 반복에서 탄생한다. 반복이 완벽을 만든다. 반복하면 어느 순간 반등이 일어나고 반전이 시작되는 전환점에 이르게 된다. 당신은 지금 무엇을 반복하고 있는가? 당신의 하루 일과에는 어떤 일이 계획되어 있는가? 내가 지금 반복하고 있는 일이 나를 나답게 만들어 준다. 내가 누구인지, 앞으로 무엇이 되고 싶은지 알고 싶다면 내가 지금 무엇을 하고 있는지를 보면 알 수 있다."

하루의 꾸준함이 특별함을 만들어내는 시작이다

특별함은 그냥 만들어지는 것이 아니다. 먼저는 하나님의 은혜가 필요하다. 또한 의식적으로 노력하는 꾸준함이 있어야 한다. 특별함을 향한 '시동'을 결심으로 걸었다면 실천이라는 '기어'를 넣고 꾸준함이라는 '연료'를 넣어야 한다. 꾸준한 삶은 오늘 하루 나의 삶을 어떻게 살아가느냐에 달려 있다. 하루하루를 '어떻게 살아갈 것인가'하는 작은 목표를 두고 그것을 이루어 나갈 때 꾸준한 삶을 살게 된다. 그 꾸준한 삶은 결국 나를 특별한 존재로 만들어 준다.

신 양 은

역 실 이 다

제2부

멋이 아니라
맛을 내라

"

위치를 위해
산 사람은
위치에서 떨어지면
모든 것이
무너진다.
우리에게 중요한 것은
어떤 위치,
어떤 자리에 있든
가치를 위해서
사는 것이다.
주님을
위해
사는 것이다.

"

05
위치가
아니라
가치다

왕상12:25-33

인생은 모래시계다

한 기자가 100주년 기념교회를 은퇴하고 거창으로 내려간 이재철 목사를 찾아가서 인터뷰했다. 인터뷰 내용 가운데 이재철 목사는 '인생은 모래시계'라는 말을 했다.

"아날로그시계는 초침과 분침, 시침이 동일한 시계판 위를 무한반복 합니다. 디지털시계는 0부터 59까지 숫자가 무한반복

합니다. 그 속에서는 나의 지나간 날이 안 보입니다. 내 나이와 상관없이 천년만년 살 것 같은 착각을 하게 됩니다. 영원히 살 것처럼 말입니다. 그런데 모래시계는 다릅니다. 생김새부터 다릅니다. 삼각형 모양의 두 유리병이 역방향으로 맞물려 있습니다. 나는 1949년 4월에 태어났습니다. 한국 나이로 71세, 날수로 따지면 69년 11개월을 살았습니다. 내 눈에는 보입니다. 내 유리병에 69년 11개월이 텅 비어 있습니다. 유리병의 윗부분에 남아 있는 모래의 양보다 빈 공간이 훨씬 더 큽니다. 그래서 내일 아침, 블라인드를 올려서 창밖을 바라보는 순간 나는 또 감격할 것입니다. '내 모래시계의 윗부분에 또 하루의 모래가 남아 있구나.' 시편 8편은 다윗이 쓴 시입니다. 다윗은 하늘과 땅에 가득 찬 아름다움과 주의 영광을 노래했습니다. 그리고 '사람이 무엇이기에 사람을 생각하시며'라고 묵상했습니다. 나는 '재철이가 무엇이기에 재철이를 생각하시며'라고 묵상합니다. 그러니 폭풍이 친다고 문제가 되겠습니까? 비가 내린다고 문제가 되겠습니까? 이 거대한 자연이 내게 삶에 대한 겸손과 삶에 대한 감격을 일깨워주고 있습니다. 서울에서 계속 살았다면 맞지 못했을 날들, 상상하지 못했을 날들을 나는 오늘 하루도 맞고 있습니다."

오늘 하루가 마지막인 것처럼 살라

　나는 이재철 목사가 인생을 모래시계로 비유한 것에 대해 공감했다. 그러면서 '내 인생의 모래시계 윗부분에는 모래 양이 얼마나 남았을까?'를 생각해 보았다. 당신 인생의 모래시계 윗부분에는 아래에 떨어질 모래 양이 얼마나 남았다고 생각하는가? 나이가 드신 분은 유리병에 있는 모래의 양보다 빈공간이 더 많다고 생각할 것이다. 아직 젊다고 생각하는 사람은 빈공간보다 남아 있는 모래 양이 더 많다고 생각할 것이다. 하지만 모래 양이 얼마나 남아 있는지 아무도 모른다. 곧 내가 살아가야 할 날이 얼마나 남아 있는지는 아무도 모른다. 나의 남은 생애는 하나님의 손에 달렸다. 우리는 남은 생애가 얼마나 남아 있는지 모르기에 하루하루 주어진 삶을 잘 살아야 한다. 오늘 하루가 나에게 마지막 남은 모래일 수도 있기 때문이다. 우리는 이재철 목사처럼 아침에 깨어났을 때 "내 모래시계의 윗부분에 또 하루의 모래가 남아 있구나." 라고 감사하며 하루의 삶을 시작해야 한다.

잘 사는 것은 가치 있는 삶을 사는 것이다

사람은 이 땅에 태어나 각자에게 주어진 인생을 살아간다. 인생을 '이생'=生이라고 하지 않고 '일생'=生이라고 한다. 사람의 인생은 단 한 번뿐인 인생이기 때문이다. 한 번 뿐인 인생, 후회해도 돌이킬 수 없는 인생이기에 잘 살아야 한다. 인생을 잘 산다는 것이 무엇일까? 의미 있게 사는 것이 아닐까? 의미 있는 인생을 살려면 위치가 아니라 가치를 위해 살아야 한다. 위치란 성공일 수도 있고 꿈일 수도 있다. 내가 원하는 그 무엇일 수도 있다.

진정한 꿈과 성공은 가치의 자리에 까지 나가야 한다

사람은 누구나 성공하고 싶은 마음이 있다. 꿈을 이루고 싶어 한다. 사람들이 생각하는 성공이 뭘까? 꿈이 뭘까? 성공이나 꿈이 어떤 직업일 때가 많다. 아이들에게 꿈이 뭐냐고 물으면 의사라고 한다. 축구선수 혹은 화가나 선생님이라고 한다. 아이들이 말하는 꿈은 실제로 꿈이 아니라 직업이다. 직업을 갖는 것이 꿈이 될 수는 없다. 꿈은 직업을 가지고 어떤 삶을 살겠다는 것이 돼야 한다. 단지 직업을 갖겠다는 것은 하나의 성취이지 꿈이 아니다.

성공도 마찬가지다. 사람들은 부자가 돼서 잘 먹고 잘사는 것이 성공이라고 생각한다. 진정한 성공은 무엇을 성취하는 것으로 끝나는 것이 아니라 그것을 통해 어떻게 살겠다는 것까지 나가야 한다. 직업을 갖고 성공한 것은 어떤 위치에 이른 것이라고 할 수 있다. 의미 있는 삶은 그것을 뛰어넘어 어떤 삶을 살 것인가라는 가치의 문제까지 나가야 한다.

북이스라엘의 왕이 된 여로보암

사사시대가 끝나고 사울이 이스라엘의 초대 왕이 된다. 그 뒤를 이어 다윗이 그리고 솔로몬이 왕이 되었다. 솔로몬이 죽고 난 이후 이스라엘은 북이스라엘과 남유다로 나뉘지게 된다. 북이스라엘은 여로보암이 왕이 되었고, 남유다는 솔로몬의 아들인 르호보암이 왕이 되었다. 북이스라엘의 왕이 된 여로보암은 세겜을 수도로 삼고 요새화했다. 요단 강 동편으로부터의 공격을 방어하기 위해 부느엘도 건축했다. 나라에 필요한 적절한 도읍지와 군사적인 요충지도 마련하며 나라의 기틀을 세워갔다.

여로보암의 고민거리

　나라의 기틀을 세워가고 있었지만 여로보암에게는 큰 고민거리가 하나 있었다. 그것은 하나님의 성전이 예루살렘에 있다는 것이었다. 하나님께서는 이스라엘 남자들에게 유월절과 칠칠절과 초막절은 예루살렘 성전에 와서 지키라고 하셨다. 북이스라엘백성 가운데 신앙이 약한 사람들은 여로보암이 강제로 못 가게 한다고 해서 문제가 될 것이 없다. 하지만 신앙이 돈독한 사람들은 예루살렘 성전에 가서 절기를 지키려고 했을 것이다. 여로보암은 북이스라엘 백성이 예루살렘 성전을 방문하다 보면 자신을 배신하리라고 생각했다.

　이 문제를 해결하려고 여로보암은 세 가지 일을 실행했다. 첫째, 벧엘과 단에 금송아지를 세웠다. 여로보암은 금송아지가 애굽 땅에서 인도하여 올린 너희의 하나님이라고 하면서 경배케 했다. 벧엘과 단에 금송아지를 세운 것은 예전부터 신성한 곳으로 여겨졌기 때문이다. 또한 벧엘은 북이스라엘의 남방 경계지역이고 단은 북방 경계지역에 위치하고 있었기에 북이스라엘의 모든 백성에게 거리상의 편의를 제공하기 위함이었다.

　둘째, 여로보암은 레위인이 아닌 보통 사람들을 제사장으로 삼았다. 북이스라엘 가운데 레위지파도 함께 살고 있었다. 하지만 여로보암이 북이스라엘의 왕이 되면서 레위인들은 더 이상 북이스라엘에서 하나님을 제대로 섬길 수 없다고 생각했다. 레위인들은 결국 성전이 있는 예루살렘으로 돌아갔다. 레위인들이 없으니 여로보암은 산당을 짓고 보통사람들을 제사장으로 삼아 제사의 일을 감당케 했다.

셋째, 초막절 절기를 7월 15일에서 8월 15일로 임의로 변경하여 지키게 했다. 이러한 여로보암의 조치는 종교적 변절을 가져왔다. 우상 숭배라는 죄악을 저지르게 했다. 북이스라엘은 다윗의 집만이 아닌, 하나님조차도 배반하였다. 여로보암이 이렇게 한 것은 무엇 때문인가? 자신의 왕권을 유지하기 위해서다. 자신의 위치를 견고케 하기 위해서다.

가치가 아닌 위치를 위해 살아간 여로보암

여로보암을 왕으로 세우신 분이 누구인가? 하나님이시다. 하나님께서는 아히야 선지자를 통해 솔로몬의 손에서 열 지파를 빼앗아 여로보암에게 주겠다고 말씀하셨다. 그러면서 이렇게 말씀하셨다.

"네가 만일 내가 명령한 모든 일에 순종하고 내 길로 행하며 내 눈에 합당한 일을 하며 내 종 다윗이 행함 같이 내 율례와 명령을 지키면 내가 너와 함께 있어 내가 다윗을 위하여 세운 것

같이 너를 위하여 견고한 집을 세우고 이스라엘을 네게 주리라"

왕상11:38

여로보암은 왕의 자리에 있게 하신 분이 하나님이심을 망각했다. 하나님께서는 여로보암에게 다윗이 행함 같이 말씀을 지키면 견고하게 해주시겠다고 하셨다. 이 말씀도 망각했다. 그는 솔로몬이 잘못 갔던 길을 그대로 따라가고 있다. 하나님께서 왜 솔로몬에게 열 지파를 빼앗아 여로보암에게 준 것인가? 이방우상을 섬기고 하나님의 말씀에 불순종했기 때문이다. 여로보암은 솔로몬이 갔던 길을 답습하고 있다.

여로보암이 왕이 된 후에 해야 할 일은 자신의 방법대로 왕권을 유지하는 것이 아니다. 하나님의 말씀에 순종하는 것이다. 그렇게 하면 하나님께서 여로보암에게 '너를 위하여 견고한 집을 세우고 이스라엘을 주시겠다.'고 하셨다. 하지만 여로보암은 하나님의 말씀을 버리고 자기 하고 싶은 대로 행했다. 곧 여로보암은 위치를 유지하려고 말씀의 가치를 버렸다. 그의 삶은 어떻게 되었는가? 악행을 저지른 대표적인 왕으로 그 이름이 거론이 되었고 아들마저 잃게 되었다. 열왕기서를 자세히 보라. 악을 행했던 왕 앞에 붙는 수식어가 이렇다.

"여호와 보시기에 악을 행하되 여로보암의 길로 행하며"

주님을 위해 사는 것이 가치를 위해 사는 것이다

우리는 여로보암의 길이 아니라 다윗의 길을 따라가는 사람이 돼야 한다. 위치가 아니라 가치를 위해 살아야 한다. 우리가 살아야 하는 삶의 목적은 위치가 아니라 가치에 있다. 그리스도인은 삶의 목적이 무엇인지를 알고 있다. 그리스도인의 삶의 목적은 예수그리스도다.

"우리가 살아도 주를 위하여 살고 죽어도 주를 위하여 죽나니 그러므로 사나 죽으나 우리가 주의 것이로다." 롬14:8

우리는 예수님의 것이기에 살아야 할 이유도 죽어야 할 이유도 예수님께 있다. 곧 우리의 삶의 가치는 예수님이시다. 이 땅에서 어떤 위치에 오르는 것은 중요한 것이 아니다. 어떤 성공과 꿈을 이루는 것도 중요한 것이 아니다. 위치는 한순간에 바뀔 수 있다. 하나님이 밀어버리면 한순간에 추락한다. 위치를 위해 산 사람은 위치에서 추락하면 모든 것이 무너진다. 중요한 것은 어떤 위치, 어떤 자리에 있든 가치를 위해서 사는 것이다. 주님을 위해 사는 것이다.

가치를 위해 살지 못했던 전직 대통령들

대한민국의 전직 대통령들을 보라. 모든 국민들에게 지금까지 존경받는 분이 있는가? 많은 전직 대통령들이 감옥에 다녀왔다. 자살을 한 전직 대통령도 있다. 자신이 대통령직에 있으면서 감옥에 갈 것이라고 상상도 못 해보았을 것이다. 권력이 계속 될 것이라고 생각했을 것이다. 그들은 대통령이라는 최고의 위치에 올랐지만 가치있는 삶을 살지 못했다. 그 위치에 오르기 위해서 살았고 위치를 유지하기 위해서만 살았다. 가치를 위해 살지 못했다. 위치를 위해 사는 것은 인생을 불행하게 만들지만 가치를 위해 사는 것은 인생을 행복하게 만든다.

무엇을 이루고 행복하지 않다면 위치를 위해 산 것이다

JYP 대표인 박진영씨는 25살에 20억을 버는 것이 꿈이었다. 정말 25살에 25억 이상을 벌었다. 이 꿈을 이루면 행복할 줄 알았는데 허무했다. 만족이 없었다. 박진영씨를 비롯한 많은 사람들이 원하는 것을 이루었을 때 허무했다고 말한다. 내가 이것을 이루기 위해서 그렇게 달려왔는가라는 생각이 들었다고 말한다. 내가 꿈꾸던 것을 이루었는데 행복하지 않았다고 말한다. 이들 역시 가치를 위해 산 것이 아니라 위치를 위해 살았기 때문이다.

가치를 위해 산 도산 안창호선생

도산 안창호선생은 시대적으로 나라가 힘을 잃은 어려운 시기에 젊은 시절을 보냈다. 그는 젊은 청년시절 고민 고민 끝에 나라를 망하게 한 것은 외세가 아니라 자신을 포함한 국민임을 알게 되었다. 힘 있는 나라가 되는 것은 덕이 있고 지식이 있고 애국심이 있는 국민이 되는 것임을 알게 되었다. 그러면 '그렇게 하는 길이 무엇인가?' 라고 질문을 던졌고 우선 '자신이 그러한 사람이 돼야 한다.'는 결론을 얻게 된다. 안창호 선생은 그런 사람이 되고자 미국으로 건너갔다. 미국 샌프란시스코에 도착한 그가 마주한 장면은 수십 명 되지 않는 한인들이 어렵게 생활하는 모습이었다. 더 안타까운 것은 어렵게 생활하면서 서로 돕지 않고 분쟁을 일삼는 모습이었다. 미국인들로부터 멸시를 받으며 사는 모습이었다. 이 모습을 보면서 안창호선생은 교민들의 생활을 개선해야 되겠다고 마음먹게 되었다. 젊은 안창호 선생이 교민들을 개선 할 수 있는 방법은 오로지 솔선수범하는 것 밖에 없었다.

그 당시 교포들의 생활환경의 문제점은 네 가지였다. 첫째, 한인이 사는 집은 청소가 제대로 되지 않아 더럽다. 둘째, 집 바깥이 지저분하고 화초나 잔디를 가꾸지 않아 볼품이 없다. 셋째, 집 안이 정돈되지 않고 불결하고 불쾌한 냄새가 많이 난다. 넷째, 너무 소란스럽게 떠들어서 이웃의 불편이 이만저만이 아니었다. 이런 상황에서 안창호 선생은 아무 말 없이 교포들의 집을 찾아다니면서 청소를 시작했다. 화단을 만들어 꽃을 심어주고, 커튼을 만들어 창에 달아주었다. 심지어 주방과 화장실까지 청소했다. 처음에는 안창호 선생의 도움을 거부하고 불편해하던 이들이 시간이 지나면서 삶의 모양이 달라지기 시작했다. 교포의 삶이 달라지자 미국인들에게 신임을 받게 되었다. 미국인들 가운데는 안창호 선생의 인격에 감동을 받아 건물을 제공해 준 사람도 있었다. 그 건물은 한인 사회 최초의 회관이자 교회가 되었다.

안창호선생은 로스앤젤레스 동쪽에 위치한 리버사이드라는 지역에서 오렌지 농장의 노동자로도 일했다. 그는 함께 일하는 교포들에게 "오렌지 하나를 정성스럽게 따는 것이 나라를 위하는 길입니다." 라고 말했다. 안창호 선생은 작은 일에 충성하는 것이 큰일을 이루는 중요한 기초임을 알았기에 교포들이 작고 사소한 것부터 제대로 하는 좋은 습관을 만들도록 도와주었다. 그러자 농장주들은 조선인 노동자를 더 많이 고용하게 되었다. 또한 조선인들은 번 돈의

10~20%를 떼어 독립운동을 위한 자금으로 임시정부에 보냈다. 안창호 선생의 삶은 위치를 쫓아가는 삶이 아니었다. 가치를 추구하는 삶이었다. 그의 삶은 많은 젊은이들에게 도전을 주었다. 신앙인으로서 좋은 영향력을 끼쳤다. 우리도 안창호 선생처럼 위치가 아니라 가치를 추구하며 살아가야 한다.

가치의 중요성을 아는 사람은 대가지불을 한다

위치가 아니라 가치를 추구하며 살아가는 것은 쉽지 않다. 먹고 살기도 힘든 세상에 가치를 추구하며 살아가는 것은 어렵다. 그럼에도 가치의 중요성을 아는 사람은 가치를 추구하며 살아간다. 예수님이 나의 진정한 삶의 가치임을 확신한 사람은 예수님을 위해 산다.

> "거룩한 것을 개에게 주지 말며 너희 진주를 돼지 앞에 던지지 말라 그들이 그것을 발로 밟고 돌이켜 너희를 찢어 상하게 할까 염려하라" 마7:6

예수님은 거룩한 것을 개에게 주지 말며 진주를 돼지 앞에 던지지 말라고 하셨다. 개와 돼지는 진주의 가치를 모른다. 가치의 중요성을 아는 사람은 가치를 소중하게 여긴다. 가치 있는 것을 얻기 위해

마땅히 대가지불 한다.

마태복음 13장에서 밭에 감추인 보화비유가 나온다. 소작농이 주인 밭에서 열심히 일하다가 보화를 발견한다. 그 당시 은행 같은 곳이 없었기에 종종 부자들은 보화를 밭에 감추어 두었다. 혹 전쟁이 나거나 갑작스럽게 죽음을 맞이하면 밭에 감춘보화를 누구도 알지 못했다. 이 보화를 소작농이 발견했다. 보화는 밭주인의 것이다. 하지만 지금 밭주인은 진짜주인이 아니다. 그는 밭에 보화가 있는지도 모른다. 이 사실을 알고 있는 소작농은 자기의 소유를 다 팔아서 밭을 산다. 어떤 사람은 소작농을 보고 미쳤다고 했을 것이다. 밭을 사는데 자기의 소유를 다 팔아 사는 사람이 어디에 있는가? 그럼에도 소작농은 밭의 가치를 알기에 기꺼이 대가지불 한다. 가치의 중요성을 알고 그것을 위해 대가지불 하면서 살아가는 사람은 지혜로운 사람이다.

가치를 이루기 위해 살아가는 과정이 중요하다

가치의 중요성을 알고 계속해서 가치 있게 살기위해서는 하루하루 그렇게 살아야 한다. 결과도 중요하지만 더 중요한 것은 과정이다. 어떤 사람은 결과만 좋으면 됐지 과정이야 무슨 상관이 있느냐고 말한다. 그렇지 않다. 가치를 위해 살아가는 사람은 과정까지 소중하게 여겨야 한다. 그것이 예수님께도 사람들에게도 인정받는 삶이 된다. 예수님은 도둑질해서 천억을 헌금해도 기뻐하지 않는다. 천원이라도 땀 흘려 번 돈을 기뻐하시고 가치 있게 여긴다.

가치 있게 살기 위해 올바른 질문을 해야 한다

또한, 가치 있게 살려면 올바른 질문을 해야 한다. 짐 월리스는 《가치란 무엇인가》에서 좋은 답을 얻기 위해서는 올바른 질문을 던져야 한다고 했다. 잘못된 질문에서 시작하면 아무리 좋은 답을 얻어도 별 의미가 없다는 것이다. 그러면서 자신 이야기를 했다. 짐 월리스는 세계경제가 어려운 시기인 2009년 1월에 스위스 다보스에서 열린 세계 경제 포럼에 초대받았다. 해마다 세계 경제와 정치 분야 엘리트들이 모여 회의를 하는 이 행사 기간 중에 미국 CNN방송에서는 아침마다 대기업 회장들을 인터뷰 했다.

기자는 대기업 회장들에게 똑같은 질문을 했다. "이 위기가 언제 끝나겠습니까?" 짐월리스는 다보스 포럼 전체 회의에서 이런 CNN의 질문이 잘못되었다고 주장했다. 그는 그 곳에 모든 기업 회장과 국가 지도자들을 향해 "이 위기가 언제 끝나느냐?"의 질문보다 "이 위기가 우리를 어떻게 변화시킬 것인가?"라는 질문이 훨씬 더 중요하다고 말했다. 짐월리스는 이 이야기를 통해 가장 중요한 가치를 찾으려면 올바른 질문을 해야 한다고 주장했다.

사람은 생각 없이 살 때가 있다. 욕심을 따라 살 때가 있다. 군중심리에 휩싸여 살 때가 있다. 유행을 따라 살 때가 있다. 그 때 자신에게 질문해야 한다. "이것을 통해서 내가 무엇을 얻을까?"가 아니라 "내가 과연 가치 있는 삶을 살아가고 있는가?"를 질문해야 한다. 사람은 질문을 받아야 생각한다. 그리스도인은 끊임없이 내 삶의 가치를 예수님께 두고 살고 있는지를 질문해야 한다.

진정한 가치가 되시는 예수님을 위해 살아야 한다

예수님은 삶의 가치를 하나님의 뜻에 두었다. 하나님의 뜻대로 십자가의 길을 가셨고 십자가 위에서 죽으셨다. 당신은 무엇을 위해 인생을 살아가고 있는가? 어떤 위치에 올라가고자 살아가고 있는가? 아니면 가치를 추구하며 살아가고 있는가? 예수님을 위해 살아가고 있는가? 한 번 사는 인생 가치를 추구하는 의미 있는 인생을 살아야 한다. 삶의 이유가 되시는 주님을 위해 살아야 한다.

신 앙 은

역 설 이 다

"

접속을 무시할 수 없는
시대이지만
접속만 하며
살아서는 안 된다.
사람은 살아 있는
인격체다.
살아있는 인격체에게는
접촉이 필요하다.
인격과
인격이 만나는 접촉이
삶을 풍성하게 만든다.
행복하게 만든다.
접촉은
하나님의 선물이다.

"

06
접속하지
말고
접촉하라

요15:1-8

접속의 시대

1965~1976년 사이의 세대를 X세대라고 한다. X세대의 자녀를
K세대라고 부른다. K세대는 1990년대 후반부터 2000년대 이후에
태어난 세대로 현재 청소년기와 청년기에 있는 세대라고 할 수 있
다. K세대의 K는 Katniss Everdeen캣니스 에버딘의 앞 글자 K를 뜻한
다. 캣니스 에버딘은 실제 인물이 아니다. 그녀는 수잔 콜린스의 소
설《헝거게임》시리즈 3부작의 여주인공으로 가상인물이다. 한국에

서는 덜했지만, 구미에서는 캣니스 에버딘 캐릭터에 대한 엄청난 팬덤이 형성되었다. 그 세대가 놓인 사회적 상황에 대한 하나의 상징이라고 보았기 때문에 'K세대'라는 용어가 등장했다.

경제학자인 노리나 허츠는 K세대의 주된 특징을 이렇게 요약했다. "I connect, therefore I am.나는 접속한다. 고로 나는 존재한다." K세대는 접속세대다. K세대만이 아니라 대한민국 전세대가 접속의 시대에 살고 있다. 스마트폰으로 언제든지 어디서나 인터넷을 접속할 수 있다. 게임을 할 수 있고 전화도 할 수 있다. 온라인에 접속하여 더 많은 사람들과 자주 만날 수 있다. 온라인 인맥 또한 원하는 만큼 늘릴 수 있다. 대부분의 지식도 온라인상에서 쉽게 얻을 수 있다.

접속의 폐해

온라인 접속이 사람에게 많은 편리함과 유익을 주지만 다 좋은 것은 아니다. 코로나 19만큼이나 한국사회에 충격을 준 사건이 터졌다. 텔레그램 'n번방' 사건이다. 25세의 조주빈이 미성년자를 비롯한 여성들을 협박해 성착취물을 만들었다. 그것을 텔레그램 비밀대화방에서 판매하다 경찰에 잡혔다. 뉴스에서는 그 행태가 너무나 끔찍해서 다 말로 표현할 수 없다고 했다. 조주빈은 평범한 대학생이었다. 대학을 졸업한 이후 그가 잘못된 것에 접속하였을 때 악마로

변했다. 2020년 3월 27일에는 조주빈이 운영하던 '박사방' 가담자로 추정되는 남성이 한강에 투신까지 했다. 투신 현장에서 발견된 유서내용이다. "박사방 때문에 죄책감이 들고 불안하다. 가족에게 미안하다." 경찰은 이 남성 외에 3만 명이 넘는 사람이 접속한 것으로 추정하고 있다. 'n번방'사건은 나쁜 것에 접속 했을 때 어떤 결과가 초래되는 지를 그대로 보여준다.

접촉이 점점 사라지고 있는 시대

이 시대를 보면서 안타까운 것은 접속하는 시간이 많다보니 접촉이 많이 사라져 버렸다는 것이다. 접속과 접촉은 차이가 있다. 접속은 일방적이고 자기중심적이다. 간접적이다. 내가 접속을 하고 싶으면 하고 싫으면 안 하면 된다. 반면에 접촉은 일방적이 아니라 쌍방적이다. 직접 만나야 가능하다. 상대방 얼굴을 바라보며, 그 사람의 목소리를 직접 듣고 반응하며 분위기를 함께 누린다. 코로나 19는 접촉하고 싶어도 못하는 세상을 만들어버렸다. 생활속거리두기를 하고 살라고 한다. 우리는 접속의 시대에 접속도 해야 하지만 접촉하며 살기를 힘써야 한다.

여자의 평균수명이 남자보다 높은 이유

보통 여자의 평균 수명이 남자보다 6~8년 정도 길다고 한다. 캐나다 출신 발달심리학자 수전 핀커라는 《빌리지 이펙트》에서 그 이유가 대면접촉에 있다고 말한다. 여자는 남자보다 작은 모임을 더 선호하고 그들과 끈끈한 유대관계를 맺는다. 유대관계는 서로에게 의지가 되고 실질적인 도움이 되는 관계다. 여자가 미혼이든 기혼이든 아니면 남편과 사별 한 후든 이 관계는 계속 유지된다.

반면에 남자는 결혼 전과 후가 달라진다. 결혼 전에는 작은 모임에서 유대관계를 맺는다. 하지만 결혼 후에는 아내에게 의존하는 경향이 크다. 이런 측면에서 남자가 아내와 사별하고 홀로 남게 되면 더이상 끈끈한 유대관계를 찾지 못해 단명하게 될 확률이 높아진다. 주변에 할머니가 먼저 돌아가신 경우 할아버지가 얼마 있지 않아 돌아가시는 경우를 종종 볼 수 있다. 이것이 모든 여자들과 남자들에게 적용 되는 것은 아니지만 대체로 그렇다. 남자들이여 장수하고 싶은가? 접촉을 많이 하라.

접속이 아니라 접촉하며 살아야 한다

접속을 무시할 수 없는 시대이지만 접속만 하며 살아서는 안 된다. 사람은 살아 있는 인격체다. 살아있는 인격체에게는 접촉이 필요하다. 교육자 루소는 말했다.

> "산다는 것은 단순히 숨 쉬는 것이 아니다. 산다는 것은 행동하는 것이며 우리 신체의 살아있는 부분을 통해 삶을 느끼는 것이다. 존재의 의미는 살갗의 느낌에 있다"

인격과 인격이 만나는 접촉이 삶을 풍성하게 만든다. 행복하게 만든다. 접촉은 하나님의 선물이다. 촉감은 인간의 오감 중에서 제일 민감한 감각이다. 촉감은 생명이 잉태된 직후부터 발달되는 근원적인 감각이다. 엄마와 어린생명은 촉감을 통해서 대화하기 시작한다. 사람은 엄마의 자궁에서 시작된 접촉경험으로 평생 동안 따뜻한 접촉을 그리워한다. 그리스도인은 사람과 접촉도 잘해야 하지만 무엇보다 예수님과 접촉을 잘해야 한다.

예수님과 접촉해야 열매를 맺는다

예수님께서는 "나는 참포도나무요 하나님 아버지는 농부고 하나님의 자녀들은 가지라"고 말씀한다. 예수님께서 포도나무 비유를 통해 말씀하시고자 하는 핵심은 이것이다.

"내 안에 거하라 나도 너희 안에 거하리라 가지가 포도나무에 붙어 있지 아니하면 스스로 열매를 맺을 수 없음 같이 너희도 내 안에 있지 아니하면 그러하리라. 나는 포도나무요 너희는 가지라 그가 내 안에, 내가 그 안에 거하면 사람이 열매를 많이 맺나니 나를 떠나서는 너희가 아무 것도 할 수 없음이라" 요15:4-5

가지가 열매 맺는 비결은 포도나무에 붙어 있는 것이다. 가지가 잘 났다고 포도나무에게서 떨어져 나가면 열매 맺을 수 없다. 가지는 포도나무에서 떨어져 나가는 순간 살아 있는 가지가 아니다. 죽은 가지다. 죽은 가지이지만 잠시 살아있는 것처럼 보일 뿐이다. 죽은 가지는 열매 맺을 수 없다. 불쏘시개 밖에 될 수 없다.

예수님과의 접촉을 끊을 수 있는 것은 없다

예수님께서는 가지가 포도나무에 붙어있는 것은 하나님의 자녀들이 주님 안에 거하는 것과 같다고 말씀한다. 내가 예수님 안에 거하면 예수님은 당연히 내 안에 거하게 된다. 예수님 안에 거하라는 것은, 포도나무이신 예수님께 붙어 있으라고 하는 것은 예수님과 접촉하라는 것이다. 우리가 예수님과 접촉하면 열매 맺을 수 있다. 삶이 풍성해진다. 행복해진다. 코로나 19라는 어려운 상황이지만 주님과의 접촉을 끊을 수는 없다. 예배당에서 모두 함께 예배드리지 못하고 있지만 이것이 예수님과의 접촉을 가로막을 수는 없다. 어떤 장소, 어떤 상황가운데서도 예배함으로, 기도함으로 예수님과 접촉할 수 있다.

접촉이 중요한 이유

접촉은 사랑의 매개체다. 사람은 접촉을 통해 사랑을 전달한다. 마음을 표현한다. 접촉은 사랑을 표현하는 언어다.

1995년, 미국 메모리얼 병원에서 쌍둥이 여자아이들이 태어났다. 아이들의 이름은 카이리 잭슨과 브리엘 잭슨이다. 두 자매는 안타깝게도 예정일보다 12주나 빨리 세상에 나와 몸무게가 1kg밖에 되지 않았다. 게다가 동생인 브리엘은 심장에 결함이 있었다. 의사들은 모두 브리엘이 오래 살지 못하리라 예상했다.

두 아이는 인큐베이터에서 생존하기 위해 투쟁을 벌였다. 다행히 언니 카이리는 날이 갈수록 건강을 되찾았지만 동생 브리엘은 예상 대로 점점 쇠약해졌다. 수차례 죽음의 문턱을 넘나들었다. 담당의사 도 더는 손쓸 방법이 없어 브리엘의 부모에게 말했다. "죄송합니다. 브리엘은 얼마 남지 않은 듯합니다." 제대로 안아보지도 못한 딸의 사형선고 앞에 잭슨부부는 망연자실하며 눈물을 쏟았다. 부모와 의 료진들은 브리엘의 죽음을 받아들일 준비를 했다.

그런데 브리엘을 돌보던 게일 간호사는 브리엘이 아픈 몸으로 '무 언가 간절히 말하고 있다'고 느꼈다. 그녀는 담당의사에게 카이리와 브리엘 두 자매를 인큐베이터에 함께 있게 해보자고 제안했다. 담당 의사는 의료 규정에 어긋난다며 처음에는 반대했다. 그럼에도 19년 경력의 게일 간호사는 쌍둥이를 같은 인큐베이터에 눕혔던 해외 사 례를 소개하며 마지막으로 두 자매를 함께 있게 해보자고 애원했다. 결국 담당의사와 부모에 동의를 얻어낼 수 있었다. 게일 간호사가 두 자매를 같은 인큐베이터에 눕혔을 때 놀라운 광경이 펼쳐졌다.

언니가 천천히 몸을 돌리더니, 아픈 동생의 등을 감싸 안았다. 두 자매의 포옹을 경외의 눈으로 지켜보던 의료진은 더 놀라운 일을 보 게 되었다. 포옹을 하고 있는 사이 위험 수위에 있던 동생 브리엘의 혈액 내 산소 포화도가 정상화된 것이다. 의료진은 기계가 오작동을 일으킨 줄 알았지만 각종 수치들이 차례로 정상으로 돌아왔다. 브리엘이 숨을 고르게 쉬기 시작했다. 그때서야 의료진들은 기적의 현장에 있다는 걸 깨달았다. 브리엘은 살아났다. 두 자매는 지금 건강하게 잘 살고 있다.

언니가 동생을 살릴 수 있었던 비결이 무엇일까? 접촉이다. 접촉은 동생을 향한 언니의 사랑이었다. 아직 핏덩어리에 불과한 아기이지만 언니는 사랑으로 동생을 껴안았다. 그 사랑이 동생을 살렸다. 현대의술로 손쓸 수 없어 포기한 생명인데 접촉을 통한 사랑이 살렸다. 사람과 사람의 접촉도 이런 기적을 만들어낸다면 예수님과 제대로 접촉하면 어떻게 될까?

가전제품은 전기와 접촉해야 제 기능을 한다

가전제품들은 그 자체로는 아무런 역할을 할 수 없다. 전기와 접촉해야 한다. 전기와 접촉하는 순간 가전제품들은 기능을 시작한다. 전기와 접촉하는 순간 냉장고는 물을 얼음으로 만든다. 음식물의 신선도를 유지한다. 에어컨은 시원한 바람을 내 뿜는다. 전열기는 열을 발한다. 형광등은 빛을 발한다. 세탁기는 빨래를 한다. 이외에 모든 가전제품들은 전기와 접촉하는 순간 사람이 할 수 없는 엄청난 일들을 해낸다.

예수님과 접촉하면 변화 된다

내가 하나님의 말씀을 전하는 목사가 된 것은 예수님과 접촉했기 때문이다. 나는 하나님의 말씀을 전할 만한 자격이 없는 사람이다. 너무나 더럽고 추한 죄인에 불과하다. 예수님과 접촉하고 예수님의 살아계심을 경험하였기에 그 은혜로 오늘의 내가 있는 것이다. 예수님과의 접촉을 통해 나는 변화되었고 인생이 완전히 거듭났다. 나만 그런 것이 아니다. 예수 믿는 사람들을 핍박하고 잡아 죽이기까지 했던 바울도 예수님과 접촉하고 완전히 변화됐다. 예수 믿는 사람들을 죽이려고 했던 사람이 예수님을 위해 생명을 내어놓은 사람이 됐다. 당신도 마찬가지 아닌가? 아니, 예수님과 제대로 접촉한 모든 사람은 다 변화됐다. 코리나 19로 수많은 사람들이 죽고 죽어가고 있다. 고통당하고 있다. 하지만 예수님과 접촉하고 있다면 이 상황을 이겨나갈 수 있다. 감사할 수 있다. 이것이 접촉의 은혜요. 능력이다.

예배를 통해 예수님과 거룩한 접촉을 할 수 있다. 말씀을 통해 접촉할 수 있다. 기도를 통해 접촉할 수 있다. 예수님과 접촉하는 순간 예수님과 연결된다. 연결되면 삶이 변한다. 하나님의 은혜가 부어진다. 삶이 풍성해진다. 열매가 맺힌다. 기적이 일어난다.

예수님과 접촉된 사람은 하나님의 영광을 나타낸다

> "너희가 열매를 많이 맺으면 내 아버지께서 영광을 받으실 것
> 이요. 너희는 내 제자가 되리라" 요15:8

예수님과 접촉해서 열매를 많이 맺으면 하나님께서 영광 받으신다. 그 사람을 통해 하나님의 영광을 나타내신다. 초창기 코로나 19로 인해 가장 어려움을 당한 나라가 이탈리아다. 최악의 상황에 이탈리아에서 그리스도인에게 잔잔한 감동을 준 사람이 있었다. 그 주인공은 이탈리아 롬바르디아 주에서 코로나 19와 싸우고 있는 의사 율리안 우르반Iulian Urban, 38이었다. 그는 무신론자였다. 무신론자였던 그의 간증문이 이탈리아 기독교뉴스에 실렸다.

> "수많은 어두운 악몽 같은 순간들을 지나왔지만, 지난 3주 동
> 안 우리 병원에서 발생한 일들을 내가 직접 보고 경험할 것이라
> 고는 상상도 해본 적이 없습니다. 그 악몽은 현재 실제로 흐르고
> 있고 또 더욱 거대해져만 가고 있습니다. 처음에는 몇 명이 병원
> 으로 실려 왔고 그 다음은 몇 십 명 그리고 몇 백 명이 몰려옵니
> 다. 이제 우리는 더 이상 의사가 아닙니다. 우리는 그저 '누가 살
> 수 있고, 누가 죽음을 맞으러 집으로 보내져야 하는가'를 결정하

고 라벨을 붙이는 사람들에 불과합니다. 2주 전까지만 해도 나와 내 동료들은 무신론자였습니다. 이것은 이상한 일이 아닙니다.

우리는 하나님의 임재 같은 것을 믿지도 의지하지도 않았고 그저 사람을 치료하는 논리적 학문인 의학을 배웠습니다. 나는 언제나 내 부모님이 교회에 나가는 것을 비웃었던 사람입니다. 그런데 9일 전 코로나 19확진을 받은 75세의 한 목사님이 우리 병원에 도착했습니다. 그는 자신도 고통 가운데 있으면서 주위에 죽어가는 이들의 손을 잡아줄 뿐만 아니라 그들에게 성경을 읽어주곤 했습니다. 그것은 우리에게 깊은 인상을 주었습니다. 우리가 처음 그가 전하는 말을 들었을 때 우리는 모두 그저 피곤함에 눌리고 낙담한 의사들이었고 정신적으로나 육체적으로 끝난 것 같은 상태였습니다.

하지만 지금 우리는 고백할 수 있습니다. 한낱 무력한 인간인 우리들은 매일 수많은 사람이 죽어 나가는 이 상황에 대하여 더이상 무엇을 할 수도 없는 한계에 이르렀습니다. 우리는 지쳤고 우리의 동료 2명은 사망했으며 다른 동료들은 이미 바이러스에 확진되었습니다. 인간이 할 수 있는 일이 끝나는 상황에서 우리는 '하나님이 필요함'을 깨달았습니다. 그리고 짧은 몇 분의 휴식 시간이 주어질 때마다 우리는 하나님께 도움을 구하기 시작했습니다. 우리는 서로 이야기를 나눕니다. 치열한 무신론자였던 우리가 지금 매일 우리의 평강을 구하고 환자들을 잘 돌볼 수 있도록, 우리를 도와주시기를 주님께 구하고 있습니다. 우리 자신을 믿을 수가 없노라고 고백하면서 말입니다.

어제 75세의 그 목사님은 돌아가셨습니다. 그분은 우리가 더는 찾지 못했던 '평강'을 선물로 주고 가셨습니다. 현재 상황이 계속 이어진다면 아마 우리도 곧 목사님의 뒤를 따를 것입니다. 나는 지금 이 땅에서 나의 무익함을 깨닫지만, 나의 마지막 호흡을 다른 이들을 돕는데 줄 수 있기 원합니다. 나는 나의 동료들의 죽음과 그들의 고통에 둘러싸여 내가 하나님께로 돌아온 것에 대한 기쁨이 넘칩니다."

하나님과 접촉하고 있는 한 목사님을 통해 하나님께서는 열매 맺게 하셨다. 무신론자였던 의사들이 하나님을 믿게 되는 열매를 맺게 하셨다. 이를 통해 하나님이 영광 받으셨다. 하나님의 영광을 나타내셨다. 하나님께서는 코로나 19라는 어려운 상황가운데서도 하나님께 접촉된 사람들을 통해서 일하신다. 열매 맺게 하시고 하나님께서 영광 받으신다. 하나님의 살아계심과 영광을 나타내신다.

하나님은 인간과 접촉하시기 위해 예수님을 보내셨다

하나님께서는 인간과 접촉하기 위해 이 땅 가운데 예수님을 보내시고 십자가에 못 박아 죽이셨다. 예수님이 십자가에 죽지 않으셨다면 하나님과 단절된 인간은 다시 하나님과 연결될 길이 없었다. 인간의 입장에서 하나님과 접촉하는 것이 너무나 쉽게 느껴진다. 예수님을 믿기만 하면 되기 때문이다. 하지만 하나님께서는 인간과 접촉하기 위해서 독생자를 십자가에 못 박는 엄청난 대가지불을 하셨다. 우리는 우리를 향한 하나님의 놀라운 사랑과 희생에 감사해야 한다. 이 사랑을 갚으며 살아야 한다. 이 사랑을 갚는 길은 예수 믿지 않는 사람들을 예수님과 접촉하도록 인도하는 것이다.

우리는 접속의 시대에 살아가고 있지만 접속보다 접촉하며 살아야 한다. 사람과도 접촉해야 하고 무엇보다 예수님과 접촉해야 한다. 참 포도나무이신 예수님과 접촉할 때 열매 맺게 된다. 구하는 것을 얻게 된다. 삶이 풍성해지고 행복하게 된다. 하나님께서 영광 받으시고 하나님의 영광을 나타내신다.

신 앙 은

역 설 이 다

"

최선이
반드시 최고가 되는 것은
아니지만
최선이 없는 최고는
모래 위에 지은
집과 같다.
비가 오고 바람이 불면
쉽게 무너진다.
남을 이기기 위한 최고가 아니라
자기가 목표하는
최고가 되기 위해
최선을
다해야 한다.

"

07
최고
보다
최선이다

느3:20-27절

복기는 최선이다

프로 바둑 기사들은 승부를 마무리 짓고 난 다음에 복기를 한다. 복기란 승부가 끝난 다음 양 대국자가 서로의 잘못을 되짚어 보기 위해 방금 바둑을 둔 순서대로 처음부터 끝까지 다시 두는 것이다. 한번 바둑 둘 때 보통 250개에서 300개의 돌을 둔다고 한다. 이 많은 돌을 프로 바둑기사들은 한 점의 오차 없이 정확하게 복기한다. 이것이 어떻게 가능할까? 프로바둑기사들은 바둑알을 한 점 한 점

놓을 때 의미 없는 돌이 아니라 의미 있는 돌을 놓는다고 한다. 바둑 알을 왜 그 곳에 두는지 의미를 생각하면서 두면, 복기가 가능하다는 것이다. 바둑 알 하나 하나를 의미 있게 둔다는 것은 바둑을 두는 데 최선을 다한다는 뜻이다.

최선을 다하는 사람이 등반에 성공할 확률이 높다.

2018년 10월에 김창호대장이 이끄는 에베레스트 원정대가 등반 도중에 사망했다는 비보가 전해졌다. 얼마 전에는 열 손가락이 없는 김홍빈대장도 참사를 당했다. 참으로 안타까운 소식이었다. 에베레스트 산은 우리나라뿐만 아니라 전 세계 산악인들이 많이 등반하는 산이다. 이 산은 환경이 아주 척박한 곳이라 등반사고가 빈번하게 일어나고 있다. 에베레스트 산을 등반하려고 하는 대원들은 등산에 앞서 심리검사를 받아야 한다. 심리검사 과정에서 이런 질문을 던진다고 한다. "당신은 정상까지 오를 것 같습니까?" 이에 대해 "최선을 다해보겠습니다." 라고 대답하는 사람들은 성공 확률이 비교적 높지만, "글쎄요, 그렇게 되었으면 합니다." 라고 대답하는 사람들은 대부분 도중에 하차한다고 한다.

최선을 다했다면 결과에 만족해야 한다

사람들은 누구나 최고가 되고 싶어 하지만 모두 다 최고가 될 수는 없다. 최고의 자리는 하나뿐이다. 최고는 최선을 다한 결과여야 한다. 최선을 다했다면 결과에 관계없이 만족할 줄 알아야 한다. 올림픽경기에서 외국 선수들을 보면 금메달이 아니라 은메달, 동메달을 따도 마음껏 기뻐한다. 반면에 우리나라 선수들은 은메달이나 동메달을 따고도 속상해서 눈물을 흘리거나 고개를 숙이는 경우들이 있다. 이 모습을 본 외국인들은 도저히 우리나라 선수들을 이해할 수 없다고 말한다.

이런 모습을 보이는 것은 대한민국 국민들이 금메달을 딴 선수만 기억하기 때문일 수도 있다. 아쉬움이 남기 때문일 수도 있다. 그럼에도 어떤 결과가 주어졌던 최선을 다했다면 만족할 수 있어야 한다. 외국 선수들은 최선을 다한 결과에 만족한다. 최선이 반드시 최고가 되는 것은 아니지만 최선이 없는 최고는 모래위에 지은 집과 같다. 비가 오고 바람이 불면 쉽게 무너진다. 우리는 남을 이기기 위한 최고가 아니라 자기가 목표하는 최고가 되기 위해 최선을 다해야 한다.

최선을 다한 존 스티븐 아쿠와리

1968년 10월 20일, 멕시코시티 올림픽경기장에는 수많은 군중이 자리를 뜨지 않고 마라톤 최종 주자를 기다리고 있었다. 멀리서 경찰차의 사이렌 소리가 들려왔고 마침내 한 선수가 비틀거리며 결승선을 향해 들어오고 있었다. 뒤에는 구급차가 그를 따라왔다. 그 선수는 탄자니아 국가대표 존 스티븐 아쿠와리였다. 경기 도중 넘어져 심한 부상을 입었지만 피로 얼룩진 붕대를 다리에 감고 절뚝거리며 마침내 결승선에 들어왔다. 그 순간 올림픽 경기장에 기다리고 있던 모든 관중들이 일어났다. 우승자가 들어왔을 때보다 훨씬 더 뜨거운 박수로 그를 환호했다.

어떤 기자가 아쿠와리에게 물었다. "그렇게 다친 몸으로 어떻게 포기하지 않고 그 먼 거리를 달려왔습니까?" 그는 대답했다. "나의 조국 탄자니아는 나를 마라톤 선수로 출전시킬 때 출발만 하라고 보낸 것이 아니라 끝까지 뛰라고 보낸 것입니다."

그는 가난한 조국 탄자니아를 생각하며 마지막까지 최선을 다해 달렸다. 지금도 사람들은 그 당시 마라톤 우승자가 누구인지 몰라도 혼신의 힘을 다한 마지막 주자인 아쿠와리를 진정한 마라토너로 기억하고 있다. 탄자니아 정부는 그의 이름을 딴 아쿠와리 체육재단을 만들어 유망한 체육선수들을 지원하고 있다. 하나님도 마찬가지다.

하나님께서는 최고 보다 최선을 다한 사람에게 아낌없는 박수를 보내신다. 칭찬하신다.

예루살렘 성벽건축을 독려하는 느헤미야

페르시아 아닥사스다왕의 술맡은 관원장이었던 느헤미야는 예루살렘 성이 무너지고 성문은 불에 타버렸다는 소식을 들었다. 느헤미야는 눈물로 조국 이스라엘을 위해 기도했다. 그리고 아닥사스다왕의 허락을 받아 3차로 이스라엘백성을 이끌고 예루살렘으로 돌아왔다. 느헤미야는 종교지도자로서 아니라 총독의 자격으로 예루살렘에 왔다. 그는 먼 거리를 달려왔지만 예루살렘에 도착한지 3일 만에 쉼도 제대로 가지 않고 예루살렘성벽을 둘러보았다. 느헤미야는 훼파된 예루살렘 성벽과 성문을 둘러본 후 지도자들과 백성에게 예루살렘 성벽을 재건하자고 독려했다. 지도자들과 백성은 느헤미야의 말에 도전받고 힘을 모아 예루살렘성벽을 건축하자고 했다.

다양한 사람들이 함께 예루살렘 성벽을 건축하다

느헤미야 3장에서 7장까지 에서는 예루살렘성벽 재건과정을 기록하고 있다. 특별히 느헤미야3장은 예루살렘성벽을 재건한 가문과 사람들이 기록되어 있다. 예루살렘성벽 재건은 양문을 시작으로 차례대로 건축한 것이 아니라 동시에 이뤄졌다. 곧 성벽의 구간 구간을 개인이나 가문이 책임지고 건설했다. 성벽재건에 동참했던 사람들의 직업도 대제사장을 비롯해 금속 가공업자, 무역업, 노예, 어부, 세리 등 무려 열다섯 종류나 된다. 심지어 여자들까지 참여했다.

> "그 다음은 예루살렘 지방 절반을 다스리는 할로헤스의 아들 살룸과 그의 딸들이 중수하였고" 느3:12

여자들이 성벽을 건축하는 일에 참여하였다는 것은 놀라운 일이다. 이렇듯 예루살렘성벽은 한 부류의 직업을 가진 사람이, 한 계층의 사람이, 전문가가 재건한 것이 아니다. 다양한 직업, 다양한 계층, 다양한 성격의 사람들이 함께 힘을 모아 세웠다.

예루살렘 동쪽성벽을 힘써 중수한 바룩

느헤미야 3장 20-27절에는 예루살렘성벽 중에서 마지막 남은 동쪽성벽을 재건한 사람들의 이름이 기록되어 있다. 동쪽성벽은 느헤미야가 순찰 했을 때 짐승이 지나가지 못할 정도로 심하게 파괴 된 곳이었다. 이런 상태였기에 동쪽성벽을 재건하는 사람들은 다른 지역의 성벽을 재건하는 사람들보다 더 많은 수고를 해야만 했다. 동쪽성벽을 재건한 사람들 가운데 유독 바룩이라는 사람이 눈에 들어온다. 왜냐하면 예루살렘성벽을 재건하는 데 성경은 '힘써 중수했다'라는 표현을 바룩에게만 하고 있기 때문이다.

"그 다음은 삽배의 아들 바룩이 한 부분을 힘써 중수하여 성굽이에서부터 대제사장 엘리아십의 집 문에 이르렀고" 느3:20

예루살렘성벽을 각 구간마다 다양한 사람들이 중수했는데 유일하게 바룩에게만 "힘써 중수했다"고 말씀하고 있다. 힘써 중수하였다는 것은 열심을 가지고 최선을 다했다는 말이다. 바룩은 느헤미야 10장에 보면 제사장임을 알 수 있다. 제사장이라면 대제사장 엘리아십과 함께 양문을 건축했던 사람이다. 곧 바룩은 양문을 건축한 이후에 다시 개인적으로 예루살렘동쪽성벽의 한 부분도 건축했던 것이다.

이런 측면에서 성경은 바룩에게 '힘써 중수했다'고 말씀하고 있다. 바룩은 최선을 다해 예루살렘성벽 재건공사에 참여했다. 하나님은 바룩의 최선을 기쁘게 보셨다.

최고보다 최선의 삶을 살아야 하는 이유

최고 보다는 최선의 삶을 살아야 하는 것은 하나님께서 결과보다 과정을 더 중요하게 생각하기 때문이다. 세상은 결과만을 가지고 사람을 평가할 때가 많다. 결과만 좋으면 과정이 어떻게 됐든 상관없다는 생각이 팽배해져 있다. 거짓말을 하든 속임수를 쓰든 원하는 것을 이루면 된다고 생각한다. 하나님께서는 결과보다 과정을 중요하게 여긴다. 결과가 아무리 좋다고 할지라도 과정이 하나님 보시기에 합당하지 않다면 그것은 하나님과 아무런 상관이 없다. 반대로 결과는 그렇게 좋지 않더라도 과정에 최선을 다했다면 하나님께서 기뻐하신다. 바룩은 얼마든지 양문만 건축하고 그만둘 수 있었다. 하지만 마지막 남은 동쪽성벽을 건축하는데 남은 힘을 보탰다. 이런 모습을 하나님께서는 기뻐하신다.

최선을 다하지 않은 한 달란트 맡은 자

마태복음 25장에는 달란트 비유가 나온다. 두 달란트 맡은 자와 다섯 달란트 맡은 자는 각각 두 달란트와 다섯 달란트를 남겼다. 이들은 주인이 돌아왔을 때 착하고 충성된 종이라고 칭찬받았다. 반면에 한 달란트 맡은 자는 악하고 게으른 종이라고 책망 받고 있는 것까지도 빼앗겼다. 왜 이런 일이 한 달란트 받은 자에게 일어났는가? 주인이 맡긴 한 달란트로 아무것도 하지 않고 땅에 묻어 두었기 때문이다. 그는 최선을 다하지 않았다. 주인이 그 종에게 한 달란트만 맡긴 것은 그 정도는 감당할 수 있을 것이라고 판단했기 때문이다. 주인은 한 달란트 맡은 종도 최선을 다하기 원했다. 하지만 그 종은 한 달란트를 땅에다 묻어 두었고 책망 받았다. 한 달란트 맡은 자가 최선을 다해 한 달란트를 남겼다면 동일하게 주인에게 칭찬 받았을 것이다.

맡겨주신 달란트대로 최선을 다해야 한다

하나님께서 각자에게 주신 달란트는 다르다. 달란트가 다르다면 다른 사람과 비교하는 것이 아니라 내 달란트대로 최선을 다해야 한다. 하나님께서 각자에게 가정과 직장과 사회와 교회가운데 맡겨주신 직책이 있다. 그 일에 최선을 다해야 한다. 부모는 부모로서 자녀는 자녀로서 최선을 다해야 한다. 상사는 상사로서 부하직원은 부하직원으로서 최선을 다해야 한다. 교회에서도 맡겨주신 직분대로 최선을 다해야 한다.

"맡은 자들에게 구할 것은 충성이니라" 고전4:2

하나님께서 맡겨주신 대로 최선을 다하면 칭찬받지만 그렇지 않으면 책망 받게 된다.

하나님 사랑하는 일에 최선을 다하라

하나님의 자녀는 무엇보다 하나님 사랑하는 일에 최선을 다해야 한다. 예수님께서는 "마음을 다하고 목숨을 다하고 뜻을 다하여 주너의 하나님을 사랑하라"마22:37고 말씀하셨다. 하나님을 사랑하되 최선을 다해서 사랑하라는 것이다. 하나님 사랑하면 신앙생활도 최선을 다하게 된다.

하나님 나라의 달리기에서는 모두 금메달을 받을 수 있다

세상의 운동경기는 1등을 해야만 금메달을 획득 할 수 있지만 하나님 나라의 운동경기에서는 꼴찌를 해도 금메달을 획득 할 수 있다. 꼴찌를 했을지라도 그 사람의 최선이었다면 하나님은 금메달을 목에 걸어주신다. 육상경기에서 100m 달리기를 하면 금메달이 하나 밖에 걸려 있지 않다. 반면에 하나님 나라 100m 달리기에는 각 레이스 마다 금메달이 걸려 있다. 그래서 각자의 레이스 에서 최선을 다해 달린 사람은 모두 금메달을 받을 수 있다.

영화 《킹콩을 들다》에서 교사가 학생에게 이런 말을 했다. "동메달을 땄다고 해서 인생이 동메달이 되진 않아 그렇다고 금메달을 땄다고 인생이 금메달이 되진 않아 매순간 최선을 다한다면 그 자체가 금메달이야" 하나님께서 준비하신 금메달을 목에 걸고 싶은가? 다른 사람과 비교하지 말고 자신에게 주어진 인생의 레이스를 최선을 다해 달려가라.

최선을 다하기 위해 우리가 해야 할 일

'최선을 다해야 한다.'는 말을 들으면 조금은 막연한 느낌이 든다. 나의 최선은 어디까지인지 자신도 모를 때가 있다. 우리가 최선을 다하기 위해서 해야 할 일이 있다.

첫째, 분명한 목표가 있어야 한다. 분명한 목표를 정하지 않고서는 내가 최선을 다했는지 안 했는지 평가할 수 없다.

한 청년이 왕을 찾아가 인생의 성공비결을 가르쳐 달라고 했다. 왕은 말없이 큰 컵에다 물을 가득 채우고 청년에게 건네주었다. 그리고 병사를 부르더니 이렇게 명령했다. "이 청년이 저 물 잔을 들고 시내를 한 바퀴 도는 동안 너는 칼을 들고 이 청년의 뒤를 계속해서 따라가거라. 만약 물을 엎지르거든 당장 목을 내리쳐라!" 청년은 식은땀을 흘리며 물 잔을 들고 조심조심 시내를 한 바퀴 돌았다. 다행히 물을 엎지르지 않고 왕에게 왔다. 왕은 돌아온 청년에게 시내를 도는 동안 무엇을 보고 들었는지 말해보라고 했다.

청년은 아무것도 보지도 못하고 듣지도 못했다고 했다. 왕은 큰 소리로 청년에게 다시 물었다. "넌 거리에 있는 걸인도, 장사꾼도, 뛰어다니는 아이들도 못보고 술집에서 노래하는 것도 못 들었단 말이냐?" 청년이 대답했다. "저는 물 잔에 신경을 쓰느라 아무것도 할 수가 없었습니다." 그러자 왕이 미소를 지으며 말했다. "그렇다, 그것이 앞으로 너의 성공 비결이 될 것이다. 인생의 목표를 확고하게 세우고 일에 집중한다면 어떤 유혹과 비난에도 흔들리지 않을 것이다."

오늘의 최선이 희망의 미래를 열어간다

막연한 목표는 최선을 다하지 못하게 하지만 분명한 목표는 최선을 다하게 한다. 목표에 집중하게 한다. 목표는 미래에 이룰 수 있다. 미래에 이루어질 목표를 위해서 지금 최선을 다하는 삶을 살아야 한다. 미국의 사상가이자 시인인 에머슨은 말했다.

"가장 보편적인 착각의 하나는 현재는 결정을 내리기엔 가장 애매한 시기라고 생각하는 것이다. 그러나 오늘 하루는 일 년 중의 가장 중요한 날이라는 것을 명심하라"

하루 한 시간을 소중하게 여기지 않으면 최선을 다할 수 없다. 목표를 이룰 수 없다. 안일함처럼 무서운 것은 없다. 안일함은 사람을 나태하게 만든다. 무기력하게 만든다. 과거에 안일하게 산 사람은 현재 어려움을 겪게 된다. 현재 안일하게 사는 사람은 미래에 어려움을 겪게 될 것이다. 반대로 현재 최선의 삶을 살면 희망의 미래가 펼쳐지게 된다. 흘러간 오늘은 다시 돌아오지 않음을 명심하고 목표를 이루기 위해 오늘 최선을 다해야 한다.

오늘 최선을 다한 랜스 암스토롱 이야기

랜스 암스토롱은 세계최고의 사이클 선수로 각광 받았던 인물이다. 사람들이 그를 세계 최고로 인정하는 것은 단순히 우승을 많이 했기 때문만은 아니다. 그는 1996년 사이클 선수로는 치명적인 고환암에 걸렸다. 사람들은 입을 모아 선수 생명이 끝났다고 말했다. 하지만 그는 모두의 예상을 깨고 세계최고 권위를 자랑하는 투르 드 프랑스대회에서 1999년부터 2004년까지 6회 연속 우승을 했다. 사람들이 암과의 싸움에서 이긴 비결에 대해 물었을 때 그는 이렇게 답했다.

"암이 내 육신을 바꾸어 놓은 것은 아니다. 다만 내 정신을 바꿔놓았을 뿐이다. 암이란 진단을 받기 전에 나는 대단한 게으름뱅이였다. 100%의 노력을 다하지 않고도 상당한 액수의 월급을 받았다. 그것만으로도 매우 부끄러운 일이다. 암에 걸렸다는 사실을 알고 나서 나 자신에게 말했다. 내게 다시 한 번만 기회가 주어진다면, 이번에는 정말 올바르게 살겠다. 그리고 나 자신만을 위해서가 아니라 그 이상의 어떤 것을 위해 열심히 일 하겠다."

랜스 암스토롱은 나태한 과거를 살았다고 했다. 하지만 암 판정을 받은 후 자신의 과거를 반성하고 미래에 대한 희망을 갖고 오늘 최선을 다했다. 바울도 이렇게 고백하고 있다.

"형제들아 나는 아직 내가 잡은 줄로 여기지 아니하고 오직 한 일 즉 뒤에 있는 것은 잊어버리고 앞에 있는 것을 잡으려고 푯대를 향하여 그리스도 예수 안에서 하나님이 위에서 부르신 부름의 상을 위하여 달려가노라" 빌3:13-14

바울은 뒤에 있는 것은 잊어버리고 푯대를 향하여 달려간다고 고백하고 있다. 최선을 다해 사는 사람은 과거를 후회할 시간도 미래에 대해 근심할 시간도 없다.

둘째, 하고 싶은 일이 아니라 해야 할 일을 선택해야 한다. 물론 하고 싶은 일도 때로 해야 한다. 하지만 하고 싶은 일만 해서는 최선의 삶을 살 수 없다. 《몰입의 즐거움》의 저자 미하이 칙센트미하이에 따르면 인간의 일상은 생산, 유지, 여가라는 3가지 형태로 분류될 수 있다. 생산은 근무나 공부 등 새로운 에너지를 만드는 것을 뜻한다. 유지는 식사나 목욕, 운전, 가사 노동등 기본적인 삶을 영위시키는 것을 의미한다. 여가는 각종 취미활동이나 휴식 등 재충전을 위한 활동을 말한다. 칙센트미하이의 말에 의하면 문제는 일반적으로 사람들이 생산과 유지활동에 쓰고 남은 시간을 여가로 사용해야 하는데 여가에 많은 시간을 쏟는다는 것이다.

현대인들은 인터넷웹서핑이나 컴퓨터게임을 지나치게 많이 한다. 전화로 오랫동안 잡담하고 텔레비전만 몇 시간씩 보는 경우도 많다. 재충전을 위해 여가가 필요하지만 여가라는 이름으로 많은 시간을 허비한다면 최선을 다 할 수 없다. 곧 해야 할 일을 뒤로 하고, 하고 싶은 일만해서는 최선의 삶을 살 수 없다.

선택은 내가 하는 것이다

우리는 끊임없이 해야 할 일과 하고 싶은 일을 선택하며 살아야 한다. 아침에 일어날 때부터 순간의 선택은 찾아온다. 아침에 일어나는 순간 "일어날까, 더 잘까?"로 시작해 "운동을 할까, 오늘은 건너뛸까?" 선택해야 한다. 일찍 일어나는 것은 해야 할 일이고 더 자고 싶은 것은 하고 싶은 일이다. 이 둘 중에 당신은 어떤 것을 선택하는가? 최선의 삶을 위해서는 일찍 일어나는 일을 선택해야 한다. 곧 해야 할 일을 선택해야 한다. 아침에 조금 더 잔다고 해서 피곤이 풀리는 것은 아니다. 늦게 일어남으로 서둘러야 한다. 정신없이 하루를 시작해야 한다. 조금 힘들겠지만 해야 할 일을 선택하는 것이 마음도 편하고 결과적으로 좋다.

그리스도인으로서 예배드리고 기도하는 것은 당연한 일이다. 그리스도인다운 삶을 사는 것은 마땅히 해야 할 일이다. 그리스도인으로 내가 해야 할 일은 하지 않고, 하고 싶은 일을 할 때가 있다. 이것은 최선의 삶이 아니다.

전설적인 농구선수 마이클 조던은 경기 도중 부상을 잘 입지 않는 비결이 전력투구를 하기 때문이라고 했다. 몸을 사리면 오히려 부상 위험이 훨씬 높아진다는 것이다. 내가 해야 할 일에 전력투구 하는 것이 최선을 다하는 삶이다. 이렇게 최선을 다하다 보면 어느 순간 최고의 자리에도 오르게 된다.

하나님이 원하시는 것은 최고 보다 최선이다

하나님께서 원하시는 것은 최고보다 최선이다. 다른 사람과 비교할 필요가 없다. 내게 주어진 인생의 레이스에서 최선을 다해 달려가면 된다. 내게 맡겨주신 일에 최선을 다하면 된다. 최선을 다하기 위해서는 목표를 정해야 한다. 하고 싶은 일이 아니라 해야 할 일에 우선순위를 두어야 한다.

"

하나님께서는
꾸미는
인생이 아니라
가꾸는
인생이 되길
원한다.
폼 잡는
인생이 아니라
내면의 아름다움을
원한다.
멋 내는 인생이
아니라
맛 내는 인생으로
살길
원한다.

"

08
멋이 아니라
맛을
내라

마5:13

중심을 잘 잡아야한다

사람이 똑바로 서 있을 수 있는 것은 중심을 잡고 있기 때문이다. 사람뿐만 아니라 세상에 모든 것도 마찬가지다. 중심이 잡혀 있지 않으면 균형을 잃게 되고 무너지게 된다. 문제가 발생한다. 현대는 매스미디어가 발달되어 언론기관이 중요한 역할을 한다. 언론기관이 중심을 잃고 사실을 보도하지 않으면 큰 혼란을 가져오게 된다. 가짜뉴스가 국민들에게 얼마나 많은 혼란을 주는지 모른다. 경기 중에도 감독이 중심을 잃어버리면 선수들이 경기를 제대로 할 수 없다. 중심을 잃어버리면 한순간에 넘어진다. 교회도 중심을 잃어버리면 무너질 수밖에 없다.

멋이 아니라 맛내는 교회가 돼야 한다

캐나다 컨넥서스교회의 캐리 뉴호프Carey Nieuwhof 원로목사는 온라인 매체인 '처치 리더스'에 '2017년 교회가 주의해야 할 6가지'라는 글을 올렸다. 캐나다교회 현실과 한국교회 현실은 좀 차이가 있을 수 있지만 새겨들어야 할 말씀이다. '주의해야 할 것'이라고 제목을 붙이고 있지만 '이렇게 하지 않으면 교회가 사라질 것'이라고 강하게 표현했다. 6가지 가운데 두 번째가 '멋있기만 한 좋은 교회는 사라지게 된다.'는 것이다. 멋있기만 한 좋은 교회는 한마디로 '중심 잃은 교회'다. 맛을 내야 하는 교회가 멋만 내는 교회가 되면 사라진다는 의미다.

한국교회는 언제부터인가 맛을 내기보다 멋을 부리기 시작했다. 경쟁하듯 더 크고 아름다운교회를 짓기 시작했다. 좋은 프로그램과 다양한 서비스를 제공하기도 했다. 하지만 지금 한국교회는 어려움에 처해 있다. 마이너스 성장을 하고 있다. 코로나 19이후 교회건물은 무용지물이 되었다. 교회는 다시 중심을 잡아야 한다. 교회의 본질을 회복해야 한다. 멋이 아니라 맛을 내는 교회가 돼야 한다.

너희는 세상의 소금이다

예수님은 제자들을 향해 '너희는 세상의 소금'이라고 말씀하셨다. 이 말씀을 잘 이해해야 한다. 예수님은 제자들에게 '너희는 세상의 소금이 되라.'고 하신 것이 아니다. 너희는 '세상의 소금이다.'라고 단정 지으셨다. 곧 너희는 세상의 소금으로 만들어져 가야 하는 존재가 아니라 이미 세상의 소금이 된 존재라는 것이다. 그러므로 예수님의 제자 된 우리는 하나님께 세상의 소금이 되게 해달라고 기도해서는 안 된다. 세상의 소금으로서 그 역할을 감당할 수 있게 해달라고 기도해야 한다. 소금의 맛을 내게 해달라고 기도해야 한다. 기도할 뿐만 아니라 나는 이미 세상의 소금이라는 자존감을 가지고 맛을 내며 살아야 한다.

지금 소금처럼 살아야 황금처럼 빛나는 삶을 살 수 있다

탈무드에는 중요한 금이 세 개가 있다고 한다. '황금', '소금', '지금'이다. 이 중에서 지금이 제일 중요하다. '지금 어떤 생각을 하며', '지금 어떤 일을 하며', '지금 어떻게 행하느냐'가 중요하다. 지금 어떻게 사느냐가 내 삶을 결정하기 때문이다. 곧 '지금' 이 순간을 '소금'처럼 살아야 '황금'처럼 귀하고 빛나는 삶을 살 수 있다.

소금의 역할

소금을 연구하는 분들에 의하면 소금은 귀한 본질을 가지고 그 역할을 감당한다는 것을 알 수 있다. 첫째, 소금에는 대비효과가 있다. 수박이나 설탕이나 단팥죽에 약간의 소금을 넣으면 더 달아지는 효과를 말한다. 둘째, 소금에는 억제 효과가 있다. 초밥이나 초무침에 약간의 소금을 넣으면 신맛이 덜하게 되는 효과다. 셋째, 소금에는 응고 효과가 있다. 장어나 생선을 구울 때 소금을 치면 고기가 탱탱해지고 육질이 쫀득쫀득해지는 효과다. 넷째, 소금에는 방부 효과가 있다. 음식은 오래 두면 상하게 된다. 그러나 소금을 치면 부패하는 것을 방지하거나 늦추게 되는데, 이것이 방부 효과다. 다섯째, 소금에는 맛내는 효과가 있다. 모든 음식은 간이 맞아야 맛이 난다. 소금이 많으면 짜고 모자라면 싱겁다. 적당량의 소금이 들어가야 제맛이 난다. 소금의 여러 가지 본질 중에서 예수님께서는 맛내는 것을 강조하셨다. 이 속에는 하나님의 자녀가 맛 내는 인생 살기를 원하는 예수님의 바람이 담겨 있다.

멋이 아니라 맛을 내는 삶을 살아야 하는 이유

맛과 멋은 비슷한 것 같지만 차이가 있다. 어원적으로 볼 때 '멋'이 '맛'에서 연유하였으리라고 보는 것은 학자들의 공통적인 견해다. 어원적으로 그래도 맛과 멋은 분명한 차이가 있다. 맛은 속이라면 멋은 겉이다. 맛이 내면이라면 멋은 외면이다. 맛은 진실이라면 멋은 포장이다. 맛은 숙성반이고 멋은 속성반이다.

사람은 맛 내는 삶보다 멋 내는 삶을 좋아한다. 왜 그럴까? 맛 내는 데는 시간이 오래 걸리지만 멋 내는 데는 오래 걸리지 않기 때문이다. 진정한 맛은 숙성에서 나온다. 기다림이 필요하다. 맛과 멋의 승부에서는 맛이 이길 수밖에 없다. 어떤 사람과 같이 지내보면 그 사람이 맛내는 사람인지 멋만 부리는 사람인지 알 수 있다. 멋을 내는 사람은 한두 번 통할 수 있지만 얼마가지 않아 진짜 모습이 드러난다.

맛을 잃은 소금은 버려진다

예수님은 '너희는 세상의 소금이라.'고 하시면서 그 뒤에 한 말씀을 덧 부치신다. "소금이 만일 그 맛을 잃으면 무엇으로 짜게 하리요 후에는 아무 쓸데없어 다만 밖에 버려져 사람에게 밟힐 뿐이라"

마5:13 소금이 아무리 멋을 부려도 맛을 잃으면 더 이상 소금이 아니다. 소금이 소금 될 수 있는 것은 맛 때문이다. 맛을 잃은 소금은 아무 쓸모 없이 바깥에 버림당한다.

식당은 결국 맛으로 승부를 걸어야한다

대구 수성구에는 '들안길'이라는 곳이 있다. 그곳에 가면 다양한 식당들이 군집을 이루고 있다. 수많은 식당들이 즐비해 있지만 대를 이어 장사하는 곳이 있는가 하면 시작한지 얼마 되지 않아 문을 닫는 곳도 있다. 여러 가지 이유가 있을 수 있겠지만 결국 그 차이가 무엇일까? 맛의 차이다. 맛있는 집은 계속 장사가 잘 되지만 맛이 없는 집은 문을 닫는다. 음식집은 맛으로 승부하는 곳이지 멋으로 승부하는 곳이 아니다. 전국에 이름난 맛집을 찾아 가보면 멋에 신경을 많이 쓰지 않는다. 멋진 인테리어와 분위기가 아니라도 맛만 있으면 그 집은 문전성시를 이룬다. 그렇다고 멋을 무시하자는 것이 아니다. 멋과 맛이 어우러지면 금상첨화다.

명품을 걸친다고 명품인생이 되는 것이 아니다

명품을 선호하는 사람들이 있다. 왜 많은 사람들이 명품을 선호하는 것일까? 명품은 명품의 값어치를 한다. 명품은 하루아침에 만들어지지 않는다. 소비자들을 통해서 값어치가 증명이 되었고 명품의 역사가 그것을 증명해 준다. 하지만 사람들 가운데 명품에 대한 가치 때문이 아니라 과시하려고 구입하는 경우도 있다. 어떤 사람은 명품 가방을 들고 명품 옷을 입으면 내가 명품인생인 것처럼 생각이 들어 명품을 구입한다고 말한다. 명품 가방을 들고 명품 옷을 입으면 다른 사람이 그 사람을 명품인생이라고 인정할까?

명품을 부러워하지 말고 명품인생이 되라

군인들이 휴가 나올 때 입는 옷은 부대 안에서 입는 옷과 다르다. 휴가 나올 때 입는 옷은 휴가 나오기 전에 군대말로 각을 잡는다. 줄이 선명하게 새겨지게끔 바지에도 윗옷에도 겉에 입는 야상에 까지 각을 잡는다. 심지어 풀을 먹여서 각을 잡을 때도 있다. 같은 군인들끼리는 각 잘 잡은 것을 보면 부러워하기도 한다. 군인들이 군복에 각을 잡는 것은 민간인들에게 잘 보이기 위해서다. 군대에서 군인 이외에 사람들을 민간인이라고 부른다. 하지만 민간인들은 군인들이 각을 잡았는지 조차도 모른다. 모두 똑같은 군복이라고 생각한다. 그런데도 군인들은 각 잡고 나가면 민간인들이 나를 멋있는 군인으로 봐줄 것이라고 기대한다.

우리는 명품을 부러워하는 인생이 아니라 내 삶이 명품이 돼야 한다. 당당하고, 맛나고, 매력 있는 이 시대의 명품이 돼야 한다. 내가 명품인생이 되면 시장표 가방을 메고 옷을 입어도 명품처럼 보인다. 메이드 인 차이나를 입어도 명품처럼 보인다. 그러므로 명품을 사기 위해서가 아니라 명품인생이 되기 위해 애써야 한다. 장영희 교수가 쓴《내가 살아 보니까》라는 글에 나오는 내용이다.

"내가 살아보니까 정말이지 명품 핸드백을 들고 다니든, 비닐 봉지를 들고 다니든 중요한 것은 그 내용물이란 것이다. 내가 살아 보니까 결국 중요한 것은 껍데기가 아니고 알맹이다. 겉모습이 아니라 마음이다. 예쁘고 잘 생긴 사람은 T.V에서 보거나 거리에서 구경하면 되고 내 실속 차리는 것이 더 중요하다. 재미 있게 공부해서 실력 쌓고, 진지하게 놀아서 경험 쌓고, 진정으로 남을 대해 덕을 쌓는 것이 결국 내 실속이다."

하나님께서는 꾸미는 인생이 아니라 가꾸는 인생이 되길 원한다. 폼 잡는 인생이 아니라 내면의 아름다움을 원한다. 멋 내는 인생이 아니라 맛 내는 인생으로 살길 원한다.

예수님의 삶은 맛을 내는 삶이었다

예수님은 멋 내는 삶이 아니라 맛 내는 삶을 사셨다. 하나님의 아들이신 예수님은 화려한 왕궁이 아니라 말 밥통에서 태어나셨다. 목수 요셉의 아들로 공생애 시작 전까지 나사렛 촌에서 시골 청년으로 성장했다. 공생애 사역을 하실 때도 이스라엘의 수도인 예루살렘에서 사역을 하시는 것이 아니라 주로 갈릴리지역을 중심으로 사역하셨다. 예수님의 제자들은 대부분 어부 출신이었고 세리도 있었다. 예수님은 예루살렘으로 입성하시면서도 멋진 백마를 타신 것이 아니라 나귀 새끼를 타셨다.

예수님은 로마군병에게 온갖 희롱을 당하셨다. 침 뱉음도 당하셨다. 마지막 십자가 위에서도 발가벗긴 채로 달려 죽으셨다. 예수님의 삶은 멋 내는 삶이 아니라 맛내는 삶이었다.

예수님은 말 밥통에 태어나셨을 때도, 나귀새끼를 타고 예루살렘으로 입성하셨을 때도, 로마 군병들에게 조롱을 당하셨을 때도, 발가벗긴 채로 십자가에 달려 죽으셨을 때도 여전히 하나님의 아들이셨다. 멋을 내지 않아도 예수님은 하나님 아들의 맛을 내셨다. 예수님이 그렇게 사셨기에 우리 또한 멋 부리며 사는 인생이 아니라 맛을 내는 인생으로 살아야 한다.

예수의 맛을 내야한다

어떤 맛을 내는 인생으로 살아야 할까?

첫째, 예수의 맛을 내야 한다. 예수의 맛을 낸다는 것은 작은 예수로 살아가는 것을 뜻한다. 세상 사람들에게 우리도 보지 못한 하나님을 보여줄 수 없다. 예수님을 보여줄 수 없다. 세상 사람들은 하나님의 자녀 된 우리를 통해 예수님을 보게 된다. 세상 사람들이 우리를 통해 예수님을 본다면 예수의 맛을 내며 살아야 한다. 작은 예수로 살아야 한다. 안타까운 것은 오늘날 많은 그리스도인이 그렇게 살지 못하고 있다. 교회와 하나님의 백성이 세상 사람들에게 신뢰를 잃어버린 이유가 뭘까? 교회와 성도들의 모습 속에 예수님이 안 보이기 때문이다. 하나님의 백성이라고 말은 하는데 그 속에 예수님의 모습이 보이지 않는다.

결혼식만 생각하는 것이 아니라 결혼생활을 제대로 해야 한다

어떤 분이 "오늘날 수많은 그리스도인이 결혼생활이 아닌 결혼식 때만 생각하며 살아가는 것처럼 보인다."고 말했다. 이 말은 이런 뜻이다. 두 사람이 만나서 사랑하게 되면 함께 살고 싶어 결혼한다. 결혼식을 준비하는 신랑 신부는 그 속에 기대와 설렘이 있다. 결혼식 당일이 되면 두 주인공은 사람들의 축하를 받고 결혼한다. 결혼식은 끝이 아니다. 출발이다. 결혼식도 중요하지만 부부로서 행복한 가정을 이루며 사는 것이 더 중요하다. 예수님을 믿게 되었다는 것은 하나님의 자녀가 되었다는 말이다. 예수님의 신부가 되었다는 말이다. 우리는 신랑 되신 예수님과 결혼식을 올릴 때의 감사와 감격을 잊지 못한다.

예수님과 결혼식을 올렸다면 이제 신랑 되신 예수님을 위해서 살아야 한다. 나를 위해 무엇을 입을까, 먹을까, 마실까를 염려하는 것이 아니라 예수님을 위해 어떠한 삶을 살아야 할까를 생각해야 한다. 먹든지 마시든지 무엇을 하든지 하나님의 영광을 위해 살아야 한다.

안타까운 것은 여전히 많은 그리스도인이 결혼식의 향수에만 취해 있다. 내 만족과 유익을 위해서만 살아가는 경우가 많다. 예수님과 결혼식을 올렸다는 것은 예수님의 신부가 되어 예수님만을 위해 살겠다는 결단이요 고백이다. 그러므로 예수님과 결혼식을 올린 우리는 결혼생활을 제대로 해야 한다. 신랑 되신 예수님을 위해 살아야 한다. 예수의 맛을 내야 한다. 작은 예수로 살아야 한다.

"나의 간절한 기대와 소망을 따라 아무 일에든지 부끄러워하지 아니하고 지금도 전과 같이 온전히 담대하여 살든지 죽든지 내 몸에서 그리스도가 존귀하게 되게 하려 하나니 이는 내게 사는 것이 그리스도니 죽는 것도 유익함이라" 빌1:20-21

바울은 예수님의 신부로서 살든지 죽든지 내 몸에 그리스도가 존귀하게 되기를 원했다. 삶의 이유가 그리스도에게 있기에 예수님을 위해 죽는 것도 유익하다고 했다. 바울의 고백이 나의 고백이 돼야 한다.

자기다움의 맛을 내야한다

둘째, 자기다움의 맛을 내야 한다. 하나님께서 만드신 아담에서부터 지금까지 이 땅 가운데 태어나 죽은 사람들이 있다. 지금 이 세상 가운데 살아가는 사람들도 있다. 그 가운데 똑같은 사람은 한 사람도 없었다. 쌍둥이가 똑같아 보이지만 다른 부분이 있다. 무엇을 의미하는 것일까? 하나님께서는 한 사람 한 사람을 독특한 걸작품으로 만들어 놓으셨다는 것이다. 하나님의 자녀 가운데 '나 같은 사람이 뭐 하나님의 걸작품이야!'라고 자기의 렌즈를 가지고 바라보는 분들이 있다. 또한 세상이 끼워준 렌즈를 통해 자신을 평가절하하는 분도 있다. 이런 잘못된 렌즈들은 벗어 버려야 한다. 나를 가장 잘 아는 분은 나를 낳아 준 부모가 아니다. 가장 친한 친구도 아니다. 나자신도 아니다. 나를 만드신 하나님이시다. 우리는 하나님께서 바라보는 렌즈를 가지고 자신을 바라봐야 한다.

하나님께서는 하나님의 형상을 따라 하나님의 모양대로 사람을 만드셨다. 하나님은 실수하지 않으신다. 실수가 없는 하나님께서 하나님의 형상을 따라 만드셨다면 우리는 하나님의 최고의 걸작품들이다. 걸작품은 비교하지 않고 자기다움의 맛을 내면 된다.

모델이 필요하지만 모델과 똑같이 될 순 없다

사람에게는 본받고 싶은 모델이 필요하다. 모델이 정해지면 모델의 좋은 점을 본받아야 한다. 하지만 그 사람과 똑같이 되려고 해서는 안 된다. 우리는 예수님을 닮아야 한다. 그렇다고 예수님과 똑같이 살 순 없다. 우리는 바울을 본받아야 한다. 그렇다고 바울과 똑같이 살 순 없다. 하나님께서 허락하신 환경 가운데 주신 은사대로 나답게 살면 된다.

자녀들을 보면 한배에서 나왔는데 어떻게 저렇게 다를 수 있을까라는 생각이 들 때가 있다. 그것이 싫은가? 자녀들이 똑같기 원하는가? 그렇지 않을 것이다. 하나님 아버지도 마찬가지이다. 하나님께서는 하나님께서 만들어주신 그 모습 그대로 잘 살기를 원한다.

사람마다 하나님께서 만들어주신 결이 있다

히말라야 고원지대에 살고 있는 라다크 사람들이 하는 말이 있다. '호랑이의 무늬는 밖에 있고 사람의 무늬는 안에 있다.' 라다크 사람들은 호랑이의 무늬를 보면서 자신들 안에도 '무늬'가 있음을 생각했다. 통찰력이 대단하다. 사람마다 고유의 무늬가 있다. 그 무늬는 같은 것이 없다. 이어령 박사는 '무늬'라는 대신에 '결'이라는 단어를 사용했다.

"'결'이라는 접미어는 보통명사에 붙어 특수한 의미를 띠게 되는 것인데 인체에도 물건에도 많이 붙게 된다. 살에 결을 붙이면 '살결'이 되고 마음에 결을 붙이면 '마음결'이 된다. 숨 쉬는 숨에 결을 붙이면 '숨결'이 되고 물에 결을 붙이면 '물결'이 된다. 물건이나 생명 그리고 마음과 생각에 존재하는 일정한 흐름과 고유한 무늬, 일관된 질서와 특성이 바로 결이다. 모든 개체에는 그 결이 있고, 결을 지니고 있는 것은 길에 굴러다니는 돌이라 해도 이 지구에 하나밖에 없는 고유한 존재 가치를 갖는다. 이 결이 있어야 사람들은 그야말로 '한결같은' 자신의 삶을 유지해 갈 수 있는 것이다."

사람마다 하나님께서 만들어주신 결이 있다. 그 결이 바로 나다움이다. 그 결을 발견하고 결대로 살아갈 때 하나님 앞에서 한결같은 삶을 살게 된다.

인생을 잘사는 것은 나답게 사는 것이다

하나님께서는 나답게 살기를 원하신다. 그래서 나는 이재영답게 살 것이다. 다른 어떤 목사처럼 사는 것이 아니라 이재영 목사답게 살 것이다. 당신도 당신답게 살면 된다.

하나님께서는 하나님의 자녀가 맛을 잃어버리고 멋만 부리며 살기를 원치 않는다. '너희는 세상의 소금이라'고 말씀하신 것은 소금의 맛을 내며 살라는 것이지 맛을 잃어버린 채 멋만 부리며 살라는 것이 아니다. 우리는 세상 가운데 예수의 맛을 내며 살아야 한다. 나다움의 맛을 내며 살아야 한다.

제3부

천천히
서둘러라

"

사람은
가면을 쓰고
살아갈 때가 많다.
가면을
써야 할 때도 있다.
문제는
많은 사람이
가면을
진짜 자신의 모습으로
착각하고
살아간다는 것이다.
하나님께서는
나를 깨뜨리시므로
민낯을
보게 한다.

"

09
깨뜨리심은
회복으로의
초청이다

출32:15-20절

인생가운데는 풍년보다 흉년이 많다

tvn채널에 '유퀴즈 온드 블록'이라는 프로그램이 있다. 이 프로그램은 일반시민을 길거리에서 만나 퀴즈를 내고 맞추면 100만원의 현금을 그 자리에서 주는 프로그램이다. 진행자들은 2019년 추석 특집으로 인삼의 고장 풍기에 갔다. 그 곳에서 만난 사람들 가운데 참기름 집을 운영하는 부부가 잔잔한 감동을 전해 주었다. 결혼한 지 37년이 된 부부는 산전수전을 다 겪으며 20년 동안 기름집을 운영하고 있었다.

진행자는 아내인 기향씨에게 "내 인생의 풍년, 흉년은 언제였습니까?" 라고 물었다. 기향씨는 답했다. "풍년은 뭐 거의 없는 것 같아요. 한 3년 너무 힘들었어요. 죽고 싶었어요. 큰 아이가 아팠어요. 희귀성 병이 열다섯 살부터 진행이 됐대요. 그것도 몰랐어요. 엄마 아빠가 너무 바쁘게 살아서... 그 죄책감으로 견딜 수가 없었어요. 초등학교가 저긴데 운동장 한복판에 가서 밤에 수건으로 입을 막고 한 시간이고 두 시간이고 하나님 하나님 울다가 돌아오곤 했어요." 오죽했으면 한밤중 학교 운동장에서 수건으로 입 막고 오열을 했을까?

기향씨는 마지막으로 이런 말을 했다. "그래도 지금은 많이 나아서 괜찮아졌고 중한 병이 아니니까 걱정하지 마세요. 지금은 '건강하세요'가 인사예요. 부자도 필요 없고 예쁜 것도 필요 없고 다 필요 없어요. 우리는 어차피 한 번 태어나면 한 번 죽어요. 그러니까 사는 날 동안 그냥 건강하게, 정직하게 욕심 부리지 말고 그렇게 살다가 그렇게 가는 거예요." 기름집을 운영하는 부부의 삶이 서민의 삶을 잘 대변해준다는 생각이 든다. 아니 서민의 삶만 그렇겠는가? 대부분의 사람은 풍년보다 흉년을 더 많이 경험했을 것이다. 흉년의 모습이 드러나지 않을 뿐 사람마다 많은 흉년을 경험한다. 그런데 흉년들 가운데는 하나님께서 우리를 깨뜨리기 위한 것도 있다. 곧 하나님께서 의도하신 깨뜨리심이 있다.

인생은 블록 쌓기다

아이들이 좋아하는 놀이가운데 블록 쌓기가 있다. 이 놀이는 블록을 높이 쌓은 사람이 이긴다. 블록을 높이 쌓기 위해 가장 중요한 것은 밑에서부터 중심을 제대로 잡는 것이다. 만일 밑 부분의 중심이 안 잡힌 상태에서 블록을 쌓으면 어느 정도는 쌓을 수 있지만 더 높이 쌓을 수는 없다. 블록을 쌓다가 중심이 잡히지 않았다는 것을 알았다면 어떻게 해야 할까? 다시 블록을 무너뜨리고 중심이 흐트러진 부분부터 쌓아야 한다. 그것이 블록을 높이 쌓을 수 있는 가장 현명한 방법이다.

인생은 블록 쌓기다. 사람의 인생은 밑에서 하나하나 쌓아가야 한다. 쌓아가다 보면 비딱하게 쌓일 때가 있다. 그때는 쌓는 것을 멈추고 어디서부터 잘못되었는지를 찾아 그 지점에서 다시 쌓아가야 한다. 사람들 가운데 자신의 인생이 비딱하게 쌓여감에도 깨닫지 못하는 경우가 많다. 깨닫지 못하면 어느 시점에 가면 한순간에 무너진다.

밑바닥까지 내려가게 하는 것은 하나님의 초청이다

하나님께서는 때로 사람의 인생을 밀어서 무너뜨리기도 하신다. 어쩌면 당신도 그런 경험을 한 적이 있을 것이다. 나 역시 경험을 해

보았다. 그동안 쌓아 놓았던 것이 한순간에 무너지고 밑바닥까지 내려간 적이 있다. 너무나 힘들었다. 밑바닥까지 내려가면 비참하다. 자존감이 다 무너진다. 나는 밑바닥까지 내려가 하나님께서 왜 그렇게 하셨는지를 깨닫게 되었다. 또한 그것이 나를 회복시키시고자 하는 하나님의 초청이라는 것을 알게 되었다. 그 초청에 임하였을 때 하나님께서는 다시 회복시켜주셨다.

금송아지를 만든 이스라엘 백성

모세는 하나님과 대면하고 하나님의 말씀을 받기 위해 40일 동안 시내산에 올라갔다. 공동체를 이끌어 가야하고 결정권을 가진 지도자가 40일 동안 부재중이라는 상황은 이스라엘백성을 불안하게 만들었다. 불안감이 계속해서 감돌자 이스라엘백성은 아론에게 몰려와 "우리를 위하여 인도할 신을 만들어 내라"고 한다. 아론은 이스라엘백성에게 아내와 자녀의 귀에 있는 금고리를 빼 가지고 오라고 했다. 그는 금고리를 녹여 송아지 형상을 만들었다. 이스라엘백성은 이 금송아지를 보고 애굽땅에서 인도하여 낸 신이라고 하면서 환호성을 질렀다. 아론은 금송아지 신상 앞에 제단을 쌓았다. 그 제단에 이스라엘백성은 번제와 화목제를 드리고 먹고 마시며 뛰놀았다. 뛰놀았다는 것은 음란한 성적 행위가 있었음을 뜻한다. 곧 이스라엘백성은 금송아지 앞에서 이방사람이 행한 음란한 의식을 행하였다.

모세에게 솔깃한 제한을 하시는 하나님

하나님께서는 이스라엘백성의 이런 모습을 보고 너무 화가 나셨다. 하나님께서 화가 나신것은 당연하다. 불과 얼마 전 이스라엘백성은 하나님의 백성으로서 말씀을 온전히 따르겠다는 언약을 체결했다. 그 언약을 다 잊어버리고 금송아지를 만들어 난리를 치고 있으니 하나님의 입장에서 얼마나 기가 막히시겠는가? 하나님께서는 모세에게 이스라엘백성은 목이 뻣뻣한 백성이기에 그냥 두어서는 안 되겠다고 하셨다. 내가 하고 싶은 대로 할 테니 너는 말리지 말라고 하셨다. 그러시면서 이스라엘백성을 진멸해 버리고 너를 통해서 큰 나라를 세우겠다고 하셨다.

하나님의 제안은 모세에게 솔깃한 것이었다. 모세의 입장에서는 자신의 후손을 통해 큰 나라를 만들면 속 시원하다. 모세가 이스라엘백성을 시내산까지 이끌고 오면서 얼마나 힘들었는가? 이들은 조금만 힘들고 어려우면 모세를 찾아와 불평하고 원망했다. 모세도 이스라엘백성 때문에 한두 번 화가 난 것이 아니었다. 하지만 모세는 하나님의 제안을 받아들이지 않는다. 오히려 이스라엘백성을 향한 하나님의 진노를 돌이켜 달라고 호소한다.

의분을 일으키는 모세

하나님의 진노를 거두어 달라고 간절히 기도했던 모세는 서둘러 시내산을 내려간다. 모세는 금송아지 앞에서 춤추고 뛰놀고 있는 이스라엘백성을 보고 너무 화가 났다. 하나님께 말씀을 드릴 때는 그렇게 실감이 나지 않았다. 직접 이스라엘백성의 죄악 된 모습을 보니 분노를 주체할 수가 없었다. 모세의 분노는 감정에 의한 분노가 아니다. 의분이었다. 이스라엘백성이 불의를 행하는 것을 보고 하나님의 마음으로 분노하고 있다.

모세는 의분을 발하면서 두 가지 행동을 취한다. 첫째, 하나님께 받은 십계명이 기록된 두 돌판을 던져 깨뜨려 버렸다. 둘째, 금송아지 형상을 불살라 부수고 가루를 만들어 물에 뿌려 이스라엘백성이 마시게 했다. 금송아지를 가루로 만들어 마시게 한 것은 그 물이 백성에게 '저주가 되게 하는 쓴 물'이 됨을 뜻한다.

민수기 5장에 보면 외간 남자와 부정한 행위를 의심받은 여인은 조사받고 난 후 진위를 확인하기 위해 '저주의 물'을 마셨다. 이스라엘 역시 그의 '신랑' 되신 하나님께 부정을 저질렀기에 이 물은 '저주의 물'의 성격을 지닌다.

모세가 언약판을 깨뜨려 버린 이유

여기서 생각해 보아야 할 것은 '모세가 왜 하나님의 언약판을 깨뜨려 버렸는가?' 이다. 언약판은 하나님께서 직접 만드시고 친필로 써주신 것이다.

> "그 판은 하나님이 만드신 것이요 글자는 하나님이 쓰셔서 판에 새기신 것이라" 출15:16

모세는 이 사실을 알고 있음에도 돌판을 던져 깨뜨려 버린다. 하나님께서 친히 쓰신 돌판을 감히 깨뜨릴 수 있는 것일까? 당신은 그럴 자신이 있는가? 나는 솔직히 자신이 없다. 그 돌판을 내려놓고 다른 돌을 던지지 그렇게는 못할 것 같다. 하지만 모세는 가차 없이 하나님께서 직접 만들어 주시고 친필로 써 주신 돌판을 던져 깨뜨린다. 모세가 이렇게 한 것은 너무 화가 나서 그 감정을 주체할 수가 없어서일까?

모세가 화가 난 것은 사실이지만 나는 모세가 의도적으로 그렇게 했다고 생각한다. 시내산위에 하나님께서는 모세에게 이스라엘백성을 진멸해 버리겠다고 하셨다. 그런 하나님을 겨우 달래고 모세는 내려왔는데 자신이 생각하기에도 눈앞에 너무나 기가 막힌 일이 펼쳐지고 있었다. 모세는 그 순간 너무 화가 났지만 이스라엘백성을 살릴 수 있는 방법이 무엇일까를 생각했다. 생각 끝에 모세는 하나님보다 선수를 친 것이다.

이스라엘백성을 향한 모세의 사랑

어렸을 때 이런 경험을 한 적이 있다. 어린 시절 아버지께 크게 혼날 짓을 했다. 그런데 아버지 앞에서 어머니가 먼저 나를 호되게 혼내셨다. 어머니가 그렇게 하신 것은 나를 보호하기 위함이었다. 어머니께서 선수를 쳐 자식을 혼내니까 아버지께서는 오히려 다독여주셨다. 모세는 하나님 대신 먼저 화를 내고 조치를 취함으로 이스라엘백성이 진멸되는 것을 막으려고 한 것이다. 앞에서 언급한 것처럼 이미 이스라엘백성은 하나님과 시내산 언약을 맺었다. 하나님의 말씀대로 살겠다고 다짐했기에 하나님께서 언약판을 주셨다.

하지만 이스라엘백성은 하나님과의 언약을 깨뜨려버렸다. 이들은 모두 죽어야 마땅했다. 이런 측면에서 모세가 하나님의 언약판을 깨뜨렸다는 것은 하나님께 다시 한번 긍휼하심을 구하기 위함이었다. 실제로 모세는 모든 일을 어느 정도 수습한 후에 다시 하나님 앞에 나가 이렇게 기도했다.

"슬프도소이다 이 백성이 자기들을 위하여 금신을 만들었사오니 큰 죄를 범하였나이다 그러나 이제 그들의 죄를 사하시옵소서. 그렇지 아니하시면 원하건대 주께서 기록하신 책에서 내 이름을 지워 버려 주옵소서" 출32:31-32

모세는 '저는 지옥가도 좋사오니 이스라엘백성의 죄를 용서하시고 살려 달라'고 하나님께 기도하고 있다. 모세의 기도를 들으시고 하나님께서는 이스라엘백성을 진멸하지 않으셨다. 언약판을 다시 모세에게 주셨다. 모세는 하나님께서 친히 써주신 언약판을 깨뜨리면서 이스라엘백성으로 하여금 죄를 깨닫게 하고자 했다. 하나님과의 관계를 회복시키고자 했다. 하나님께서 모세를 좋아하신 이유가 여기에 있다.

깨뜨리심은 회복시키기 위함이다

하나님께서는 모세처럼 의도적으로 깨뜨리신다. 회복시키기 위해 깨뜨리신다. 깨뜨림을 당하면 아프다. 힘들다. 하지만 하나님께서는 사는 길이기에 그렇게 하신다.

아담과 하와는 선악과를 따먹어서 에덴동산에서 추방당했다. 이들이 추방당한 것은 비극이지만 이는 하나님의 배려다. 하나님께서는 아담과 하와를 깨뜨림으로 다시 회복의 길을 열어놓으셨다.

야곱의 눈물

하나님께서는 얍복강가에서 야곱을 깨뜨리셨다. 야곱은 형 에서가 400명의 군사를 이끌고 맞으러 온다는 이야기를 듣고 잘 수가없었다. 잔머리가 잘 돌아가는 야곱이었기에 살 수 있는 방법을 나름대로 마련해 놓았지만 두려웠다. 야곱은 가족들을 먼저 강을 건너게 한 후에 홀로 얍복강가에 남았다. 그날 밤은 야곱에게 긴장의 밤이었다. 고통스러운 밤이었다. 밤이 지나면 형 에서를 만나야 했기때문이다.

야곱은 그 밤에 자신을 찾아온 하나님의 사자와 씨름했다. 이 씨름은 추석 장사 씨름대회 같은 것이 아니다. 살기 위한 격렬한 싸움이었다. 하나님의 사자는 이때 야곱의 허벅지 관절을 쳐서 어긋나게만들었다. 장애인을 만들었다. 그리고 야곱에게 "네가 하나님과 겨루어 이겼다"고 말씀했다. 하나님께서 얍복강가에서 야곱을 깨뜨리셨다. 하나님과의 관계를 회복시키시고 에서와의 관계를 회복시키고자 깨뜨리셨다. 야곱은 얍복강가에서 자신의 실체를 보았다. 자신이 어떤 존재인지 깨달았다. 자신이 누구인지 보이기 시작하니 하나님이 보이기 시작했다.

"천사와 겨루어 이기고 울며 그에게 간구하였으며" 호12:4

호세아 선지자는 야곱이 천사와 겨루어 이기고 울고 있다고 말씀하고 있다. 이겼는데 왜 야곱이 우는가? 야곱은 승리의 감격 때문에 운 것이 아니다. 밤새도록 싸우고 났더니 너무 힘들어서 우는 것도 아니다. 하나님 앞에 무너진 자신의 고백이다. 이 눈물은 상대방이 누구인지를 알고서 터져 나오는 항복과 감격의 눈물이다. 지금까지 야곱은 울지 않는 사람이었다. 남의 것을 빼앗는 일이 있어도 빼앗기지 않는 사람이었다. 이런 야곱이 하나님 앞에서 울고 있다. 울뿐만 아니라 하나님께 간구하고 있다. 하나님께서 깨뜨리실 때 눈물로 나가야 한다. 깨뜨리시는 데도 버티고 있으면 안 된다.

깨뜨리심은 민낯을 보라는 뜻이다

화장을 하지 않은 그대로의 얼굴을 '민낯'이라고 한다. 여자들의 민낯을 보고 많은 남자들이 놀라곤 한다. 언젠가 T.V에서 결혼 전에도 후에도 남편에게 민낯을 한 번도 보이지 않고 살아온 여자 분을 본적이 있다. 그 분은 남편에 대한 예의를 지키고 남편에게 아름다운 모습만 보여주고 싶어서 그렇게 한다고 말했다. 부부는 서로의 민낯을 그대로 인정해줄 수 있어야 하지 않을까? 민낯은 기존에 잘 알려지지 않았던 불의가 어떤 이유로 밝혀졌을 때도 쓰이는 단어이기도 하다. 하나님께서 깨뜨리시는 것은 나의 민낯을 보라는 뜻이다. 실체를 보라는 것이다.

사람은 가면을 쓰고 살아갈 때가 많다. 가면을 써야 할 때도 있다. 문제는 많은 사람이 가면이 진짜 자신의 모습으로 착각하고 살아간다는 것이다. 하나님께서는 나를 깨뜨리시므로 민낯을 보게 하신다. 우리는 나의 민낯을 보고 있는 모습 그대로 하나님 앞에 나가야 한다. 하나님께서 나의 민낯을 보게 하시는 것은 창피를 주기 위함이 아니다. 회복시키기 위해 초청하시는 것이다. 진정한 나의 모습을 보고 다시 하나님 앞에 서게 하시기 위함이다.

깨뜨리심은 나를 향한 하나님의 사랑이다

하나님께서 나를 깨뜨리시고 무너뜨리시는 것은 미워서가 아니다. 내버려두면 더 어려움을 당할 수 있기에 미리 손을 쓰시는 것이다. 결국 나를 깨뜨리시는 것은 나를 사랑하시기 때문이다. 사랑하는 자녀가 잘못된 길로 가는 것을 보고 내버려 두는 부모는 없다. 하나님께서도 마찬가지다. 하나님의 자녀을 사랑하시기에 잘못된 길로 가는 것을 내버려두지 않으신다. 잘못된 길로 갈 때 반드시 징계하신다. 깨뜨리시고 무너뜨리신다. 사무엘하 7장에 보면 하나님께서 다윗을 축복해 주는 내용이 나온다. 그 가운데 다윗의 후손들에 대해 이렇게 말씀하셨다.

> "나는 그에게 아버지가 되고 그는 내게 아들이 되리니 그가 만일
> 죄를 범하면 내가 사람의 매와 인생의 채찍으로 징계하려니와"
>
> 삼하7:14

하나님께서는 다윗의 후손이 죄를 범하면 매와 채찍으로 때려서라도 바른길 가게 하시겠다고 말씀하신다. 가장 큰 불행이 뭘까? 악한 일을 하고도 잘 되는 것이다. 부당한 방법으로 이기는 것이다. 육체가 건강하다고 다 좋은 것이 아니다. 건강한 몸으로 부지런히 죄 짓고 사는 것은 불행이다. 몸은 아파도 누군가를 위해 기도하고 하나님의 뜻을 좇아 살아가는 것이 더 낫다.

깨뜨림은 일상 속에 일어난다

하나님께서 나를 깨뜨리신다고 생각하면 큰 부분만을 생각할 때가 많다. 하지만 작은 부분도 생각할 수 있어야 한다. 하나님의 깨뜨리심은 우리 일상 가운데 일어난다.

'숨바꼭질'이라는 시가 있다.

"오만데 한글이 다 숨었는 걸

팔십 넘어 알았다.

낫 호미 괭이 속에 ㄱ ㄱ ㄱ

부침개 접시에 ㅇ ㅇ ㅇ

달아 놓은 곶감에 ㅎ ㅎ ㅎ

제아무리 숨어 봐라

인자는 다 보인다."

　이 시는 80세가 넘어 글을 배운 정을순 할머니가 지은 시다. 정을순 할머니에게는 단 하나의 글자도 읽지 못했던 세월이 있었다. 그 세월 끝에 글을 배우고 주변을 바라본 할머니는 한글에 둘러싸여 살아왔음을 깨닫게 되었다. 그 감동과 기쁨을 절묘하게 시로 표현 하고 있다. 이 시는 국가평생교육진흥원에서 실시한 대국민 투표에서 최우수상을 받았다. 할머니는 한글을 배움으로 일상에서 숨겨주신 한글을 찾아내는 숨바꼭질의 재미를 맛보면서 살고 계신다. 하나님께서는 일상의 삶 가운데 우리의 민낯을 볼 수 있도록 많은 보물들을 숨겨놓았다. 그 보물이 하나님의 말씀일 수도 있다. 어떤 글귀일 수도 있다. 하나의 사건일 수도 있다. 누구의 말 한마디 일 수도 있다.

　페이스북에서 생명의 전화 빌딩에 쓰인 글귀라고 하면서 사진 하나가 올라온 것을 본적이 있다.

"나는 신발이 없음을 한탄했는데 거리에서 발이 없는 사람을 만났다."

나를 깨뜨리는 글귀였다. 불평하고 있는 나의 모습을 부끄럽게 하는 글귀였다. 하나님께서 이렇게 일상의 수많은 것들을 통해서 나의 생각을 깨뜨리신다. 나의 고정관념을 깨뜨리신다. 교만을 깨뜨리신다. 자존심을 깨뜨리신다.

깨뜨림의 의미를 알고 회복해야 한다

하나님의 깨뜨림을 알아차려야 한다. 알아차렸으면 회복해야 한다. 진정한 민낯을 발견하고 하나님께 더 가까이 나가야 한다. 하나님께서 기뻐하시는 모습으로 성장하고 성숙해야 한다. 하나님께서 나를 깨뜨리실 때 그것이 하나님의 초청임을 깨달아야 한다. 나를 회복시키고자 하는 하나님의 사랑과 마음을 볼 수 있어야 한다. 하나님은 우리를 위해 자신의 아들까지 내어주신 분이시다. 그런 분이 우리에게 무엇을 못 하시겠는가?

"

사람은
무엇을 잃어버리면
잃어버린 것에만 집착한다.
잃어버린 것에
집착하지 말고
그것으로 인해
얻은 것을
생각해보라.
잃으면 얻고
얻으면 잃는 것이
삶이다.
잃지 않고
얻기만 할 수는 없다.
잃어버려야
얻을 수 있다.

"

10
잃는 것이
얻는
것이다

눅15:12-24

역설의 원리

산악전문가들은 산에 오르기 위해서 먼저 내려가는 법을 배워야한다고 말한다. 계속 올라가기만 해서는 정상에 이를 수 없다. 때로능선을 따라 걸어 가야하기도 하고, 가파른 바위를 타고 넘어야 할때도 있다. 올라가고 싶어도 어쩔 수 없이 내려와야만 하는 때도 있다. 오르내리다 보면 어느새 정상이 저만치 보인다.

'욕금고종欲擒姑縱'이란 사자성어가 있다. '잡고 싶으면 먼저 놓아줘라'는 뜻이다. 곧 내가 잡으려고 한다고 잡혀지는 것이 아니라 내려놓았을 때 잡을 수 있다는 역설이다. 사람이 범하기 쉬운 착오 중에 하나가 집착과 애착이다. 놓으면 잃어버릴 것이라는 조바심에 더 굳게 잡으려 한다. 주면 빼앗길 수 있다는 두려움에 더 움켜잡으려 한다. 하지만 현명한 사람은 얻기 전에 줄 줄 아는 사람이다. 기업이 고객에게 기쁨을 줄 때 고객의 사랑을 받을 수 있다. 얻으려면 먼저 주어야 한다. 상대방의 마음을 얻으려면 먼저 내 마음을 주어야 한다. 움켜잡고 놓지 않으면 얻을 수 없다.

얻는 것이 있으면 잃는 것이 있다

어떤 사람이 로또 복권에 당첨됐다. 주변사람들은 운수대통運數大通했다며 야단이다. 과연 운수대통한 것일까? 많은 것을 한꺼번에 얻으면 삶의 균형이 깨진다. 평소 누리던 일상의 작은 행복이 사라진다. 통계조사에 의하면 복권에 당첨된 대부분의 사람들이 불행한 결과를 맞이했다고 한다.

얻고자 하다가 잃어버린 삶을 사는 사람들이 의외로 많다. 하찮은 것 때문에 귀중한 것을 잃어버린다면 억울한 일이다. 얻는 것만 생각하면 안 된다. 얻는 것이 있으면 잃는 것도 있다. 어떤 사람은 돈을 얻었지만 명예를 잃어버렸다. 어떤 자리를 쟁취했지만 존경심은 잃어버렸다. 얻고자 하는 것에 눈이 멀면 좋은 것을 보지 못한다.

잃으면 얻는다

　문명이 발달함으로 얻은 것도 있지만 잃은 것도 많다. 편리해졌지만 삶은 부실해졌다. 자동차로 인해 다리가 허약해졌고, 스마트 폰 때문에 사람의 머리는 점점 바보가 돼가고 있다. 나는 교회 번호와 아내 전화 번호 밖에 외우지 못한다. 아이들 전화번호도 모른다. 입력키를 통해서 전화하기 때문이다. 고층아파트에 살지만 하늘의 별은 보지 못한다.

　잃으면 얻고 얻으면 잃는 것이 삶이다. 잃지 않고 얻기만 할 수는 없다. 잃어버려야 얻을 수 있다. 건강을 잃었지만 삶은 더 깊어질 수 있다. 돈은 잃어버렸으나 사람을 얻었다면 좋은 선택을 한 것이다.

　남편을 잃고 가난하게 혼자 살아가는 한 여인이 있었다. 이 여인은 섬에서 나는 해산물을 사다가 육지에 내다 팔자고 결심한다. 이렇게 결심한 것은 우연히 이웃 섬을 오가며 장사를 하면 꽤 돈을 벌 수 있다는 얘기를 들었기 때문이다. 그녀는 어렵게 빚을 내 장사 밑천을 만들어 섬을 향해 길을 떠났다. 그런데 나루터에 도착하기도 전에 그만 돈 보따리를 잃어버리고 말았다. 장사는 커녕 빚만 잔뜩 지게 되었다. 너무 속상하고 힘들었다.

그 때 마침 길을 가던 한 노인이 여인의 보따리를 주었다. 노인은 보따리에 큰돈이 들어있는 것을 확인하고 돈 주인을 찾아 주어야겠다고 마음먹었다. 그 자리에 꼬박 반나절을 기다려 길을 되돌아 온 그녀에게 돈을 돌려주었다. 그녀는 노인에게 감사의 큰 절을 올렸다. 되찾은 돈 보따리를 품에 안고 다시 나루터로 가서 배를 탔다. 배가 바다 한가운데쯤 나갔을 때였다. 갑자기 한 청년이 바다에 빠져 허우적거렸다. 깊은 바다여서 아무도 청년을 구하려 하지 않았다.

그녀는 애가 타서 발을 동동 구르다가 당장 청년의 목숨부터 구해야 한다는 생각에 크게 소리쳤다. "저 청년을 구할 사람이 없으세요. 누구든지 저 청년을 구하면 내가 이 돈을 다 드리겠습니다." 그녀는 사람들 앞에 돈 보따리를 내보였다. 그러자 누군가 나서서 청년을 구했다. 그녀의 기쁨은 이루 말할 수 없었다. 그러나 그녀는 다시 장사밑천을 잃게 되었다. 이제 장사도 할 수 없고 빚쟁이가 기다리는 집으로도 돌아갈 수 없는 딱한 처지가 되고 말았다.

그녀는 힘없이 망망대해를 바라보고 있었다. 그때 그녀가 구해준 청년이 다가와 함께 자기 집으로 가자고 간곡히 부탁했다. 마지못해 청년의 뒤를 따라갔다. 놀랍게도 그 청년은 그녀의 돈을 찾아준 노인의 삼대독자였다. 청년은 자초지정을 다 말씀드리고 아버지께 부탁드려 그녀를 새어머니로 극진히 모셨다.

돈 보따리를 주운 노인이 눈앞의 이익을 좇았다면 삼대독자를 잃고 말았을 것이다. 그녀가 청년을 구하기 위해 돈을 내어놓지 않았다면 청년은 목숨을 잃었을 것이다. 새로운 가정도 이루지도 못했을 것이다. 잃으면 모든 것이 끝나버릴 것 같아도 그렇지 않다. 잃으면 또 다른 것을 얻게 된다.

있을 수 없는 일

케니스 베일리라는 사람이 15년 동안 많은 사람을 만나서 탕자비유에서 아버지의 태도에 대해 질문했다. 그것도 한 곳에서만 아니라 모로코로부터 인도까지, 터키로부터 수단까지 15년 동안을 다니며 질문했다. 그가 던진 질문에 대한 사람들의 대답은 모두 똑같았다. 질문과 답을 요약해 보면 다음과 같다.

"당신 마을에 어떤 사람이 탕자와 같이 아버지께 유산을 요구한 일이 있는가?", "결코 없었다.", "당신은 이런 요구를 할 수 있다고 생각하는가?", "불가능하다.", "누군가가 이런 요구를 했다면 어떤 일이 벌어진다고 생각하는가?", "아버지가 그를 때렸을 것이다." "왜 그런가?", "그런 요구는 아버지가 죽기를 원한다는 것을 의미한다."

이런 부분은 우리나라에서도 동일하다. 아버지가 건강하게 살아 계시는데 유산을 요구한다면 아버지가 죽을 때까지 못 기다리겠으니까 빨리 유산을 달라는 뜻이다.

탕자는 모든 것을 잃고 아버지를 얻었다

탕자의 비유에 등장하는 아버지는 둘째아들이 유산을 요구하는데
도 아무런 말없이 내준다. 유산을 받은 둘째 아들은 모든 것을 현금
으로 바꿔 먼 나라로 떠난다. 유산으로 받은 돈을 모두 탕진한다. 배
가 고파 돼지들이 먹는 쥐엄 열매로 배를 채우려 해도 주는 자가 없
었다. 이런 삶을 인간의 삶이라고 할 수 있을까? 그때 그는 아버지를
떠올린다. 아버지의 집에서 풍족하게 먹고 사는 품꾼들을 떠올린다.
아버지께 돌아가기로 결심한다. 아들의 자격이 아니라 아버지의 품
꾼으로 살기 위해 돌아가기로 마음먹는다.

그 동안 그에게 아버지는 단지 물질을 공급해 주는 사람에 불과했
다. 그래서 자신에게 돌아올 유산을 아버지가 죽을 때까지 기다리지
못하고 받아냈다. 유산을 받았으니 더 이상 아버지는 필요 없는 존
재가 되었고 아버지를 떠나게 된다. 하지만 둘째 아들은 모든 것을
다 잃은 그 자리에서 아버지를 생각한다. 탕자는 모든 것을 다 잃어
버렸지만 아버지를 얻었다.

사람은 무엇을 잃어버리면 잃어버린 것에만 집착한다. 잃어버린
것에 집착하지 말고 그것으로 말미암아 얻은 것을 생각해보라. 얻은

것이 없다고 생각하는 사람이 있는가? 다시 한 번 생각해 보라. 분명 얻은 것이 있을 것이다. 하나님께서는 잃게만 하시는 분이 아니다. 잃게 하시는 것은 다른 것을 얻게 하심이다. 둘째 아들이 잃어버린 것에만 집착했다면 자살을 선택했을 지도 모른다. 그는 다 잃어버린 자리에서 아버지를 생각했다. 여전히 돌아갈 수 있는 아버지가 있다는 것을 생각했다. 결국 아버지께로 돌아갔고 아버지를 얻었다.

'Work Hard'에서 'Think Hard'으로

서울대학교 황농문교수는 《몰입》에서 'Work Hard'에서 'Think Hard'로 패러다임의 전환이 이뤄져야 한다고 말한다. 'Work Hard'란 열심히 일만 하는 것을 뜻한다. 'Think Hard'는 열심히 생각하는 것을 뜻한다. 황농문교수는 매일 열심히 일하는 것이 최선이라고 생각하던 기존의 패러다임에서 벗어나, 머리를 쓰지 않으면 아무리 열심히 해도 그저 그런 결과밖에 얻지 못한다는 사실을 깨달아야 한다고 주장한다.

"열심히 일하면 남들보다 2배 이상 잘하기도 힘들지만 열심히 생각하고 몰입하면 남보다 10배, 100배 아니 1000배까지도 잘할 수 있는 것이 사실이다. 그러니 그야말로 열심히 생각하는 것에 인생을 송두리째 던져볼 만 한 것이다."

열심히 일만 잘하면 된다는 것은 고정관념이다. 사람들은 이 고정
관념을 버리려고 하지 않는다. 생각만 해도 더 큰 일을 할 수 있다는
말을 신뢰하지 않는다. 하지만 지금시대는 창의적인 사람, 생각하는
사람이 이끌고 있다. 'Work Hard'에서 'Think Hard'로 패러다임을
전환하는 것은 잃는 것 같지만 더 많은 것을 얻는 것이다.

1300만원을 잃고 얻은 것

나는 신학대학원을 다닐 때 학교 근방 전세 집에 살았다. 첫째, 둘
째가 어릴 때였다. 그 당시 살고 있던 집은 1300만원 전세였다. 방
두 칸에 부엌이 딸린 단독주택이었다. 전세를 얻기 전 부동산에 가
서 알아보고 등기부 등본도 열람해 보았다. 아무런 문제가 없는 것
같아서 전세를 얻었다. 어느 날 집이 경매에 넘어가게 되었다는 소
식을 듣게 되었다. 새마을금고에 땅과 집이 저당 잡혀 한 푼도 받지
못한 채 그 집을 나오게 되었다. 이리 저리 알아보고 어떻게 해보려
고 했지만 아무런 소용이 없었다.

그 때 처음으로 법원도 가보면서 '내가 정말 어리석었구나'라는
생각이 들었다. 한편으로는 하나님이 원망스러웠다. 1300만원은 어

머니께서 마련해 주셨기에 마음이 너무 힘들었다. 그 당시 가난한 신학생에게 1300만원은 큰돈이었다. 그 이후 잠잠히 기도하면서 생각해 보았다. 하나님께서 가난한 신학생에게 큰돈을 잃어버리게 하셨을 때는 하나님의 뜻이 있다고 생각했다. 기도하는 가운데 내가 하나님 외에 다른 것에 집중하고 있음을 깨닫게 하셨다.

나는 나쁜 마음을 가지고 있었다. 그 돈으로 좀 더 공부를 하고 싶었다. 이런 마음 외에 나의 마음이 다른 곳을 향하고 있었던 것을 하나님께서는 깨닫게 해주셨다. 그 이후 집주인에게 전화 한통하지 않았다. 나는 1300만원을 잃어버렸지만 새롭게 회복되었다. 하나님께만 집중할 수 있게 되었다. 그 당시에는 1300만원이 없으면 못살 것 같았는데 지금 잘 살고 있다.

썰물이 있기에 밀물도 있다

하나님께서 사람에게 시간을 선물로 주셨다. 우리가 살아가는 시간은 현재다. 현재는 과거를 내려놓아야 얻을 수 있는 시간이다. 또한 현재가 아무리 좋아도 현재를 떠나보내지 않으면 더 나은 미래를 맞이할 수 없다. 지금 손에 쥔 것을 내려놓지 못하면 더 좋은 것을 놓칠 수 있다. 잡고만 있다가 더 좋은 것을 잃어버릴 수 있다.

철강왕 카네기의 사무실에는 볼품없는 그림이 하나 걸려 있었다고 한다. 그림 속의 나룻배는 온갖 쓰레기와 함께 모래사장에 방치되어 있었다. 배 안에는 노 하나가 아무렇게나 뒹굴어져 있었다. 바닷물은 썰물이라 다 빠져 버렸다. 카네기는 이 그림을 춥고 배고팠던 청년 시절에 만났다. 유명한 화가의 값비싼 그림은 아니었지만 아주 귀중한 보물처럼 아꼈다. 화가는 이 그림의 배 아래에 이런 글귀를 적어 놓았다.

"반드시 밀물이 밀려오리라. 그 날 나는 바다로 나아가리라."

이 그림을 바라보면서 카네기는 자기 자신이 모래 위에 버려진 배와 같이 초라한 모습이라고 생각했다. 그렇지만 언젠가 밀물이 밀려오면 드넓은 바다로 나가 당당하게 항해하게 될 것을 생각하면서 큰 용기를 얻었다. 썰물이 있기에 밀물이 있다. 썰물이 있기에 밀물이 올 것을 기대할 수 있다. 잃은 것이 있다면 얻을 것을 기대할 수 있다.

돌아온 아들이 유산보다 더 중요하다

아버지는 돌아온 둘째 아들을 보면서 이렇게 말했다.

"이 내 아들은 죽었다가 다시 살아났으며 내가 잃었다가 다시 얻었노라" 눅15:24

아버지는 둘째 아들을 잃었다가 다시 얻었다고 말한다. 둘째 아들을 그냥 잃었다가 다시 얻은 것이 아니다. 유산을 잃어버리고 얻었다. 아버지는 유산을 잃어버렸지만 유산보다 더 소중한 둘째 아들을 얻었다.

하나님은 잃어버린 자를 기다리고 계신다. 둘째 아들을 기다리고 있는 아버지를 보라. 유산을 가지고 떠나버린 아들이 인간적으로 생각하면 얼마나 미울까? 아버지는 그렇지 않았다. 아들이 떠나간 이후 날마다 동구 밖에서 아들이 돌아오기를 기다렸다. 거지가 되어 돌아오는 아들을 맞이하는 것은 아버지라도 힘든 일이다. 하지만 아버지는 멀리서도 아들을 맞이하기 위해서 달려간다. 누더기 옷을 입고 냄새 나는 거지 아들, 어느 누구도 가까이 하기 싫어하던 아들을 부둥켜안고 입을 맞춘다.

이런 아버지 앞에 둘째 아들은 어찌 할 바를 몰라 무릎을 꿇고 고백한다. "아버지, 내가 하늘과 아버지 앞에 죄를 지었습니다. 이제부터 나는 아버지의 아들이라고 불릴 자격이 없습니다."눅15:21 아버지는 아들에게 아무런 말도 하지 않는다. 왜 이제 돌아왔느냐고 묻지 않았다. 내가 준 유산 다 어떻게 하고 거지꼴로 돌아왔느냐고 하지 않았다. 이렇게 돌아올 걸 왜 그렇게 했느냐고 하지 않았다.

아버지는 종들에게 제일 좋은 옷을 내어다가 아들에게 입히고 손에 가락지를 끼우고 발에 신을 신기라고 했다. 빨리 살진 송아지를 잡아 잔치를 베풀라고 했다. 아버지는 모든 것을 다 잃어버리고 돌아온 아들에게 잔치를 베풀고 아들의 권위를 회복시켜 주었다. 이것이 하나님 아버지의 마음이다. 우리를 향한 사랑이다.

예수님은 모든 것을 잃어버리셨지만 다시 얻으셨다

예수님께서는 모든 것을 잃어버렸다. 예수님을 따랐던 수많은 무리는 돌변해서 십자가에 못 박으라고 소리 질렀다. 가룟유다는 예수님을 배반하고 은 삼십에 팔아버렸다. 베드로는 죽을지언정 예수님을 부인하지 않겠다고 호헌장담 했지만 세 번이나 부인하였다. 나머지 제자들도 마찬가지였다. 예수님을 버리고 도망갔다. 그리고 예수님은 아무런 죄 없이 십자가에서 목숨을 잃었다. 하지만 예수님의 이야기는 이것으로 끝나지 않는다. 예수님은 죽음에서 부활하셨고 잃어버린 모든 것을 다시 다 얻으셨다. 제자들도 성령충만을 받아 더 담대하게 예수님을 전하는 역사가 일어났다.

지식만 있는 사람이 아니라 지혜로운 사람이 돼야 한다

지혜와 지식은 차이가 있다. 지혜와 지식의 차이를 조금 쉽게 설명하자면 이렇다. 길을 가다가 만 원짜리 지폐 한 장을 발견했다고 생각해 보자. 만원을 발견해서 '어 웬 돈 만원이냐?' 하고 그 종이가 만원임을 알아보는 것이 지식이라면, '야 오늘 운 좋은데, 이 돈으로 무엇을 하지?' 하면서 그 '만원의 가치'를 알아보는 것이 지혜다. 곧 잃어버린 것을 보고 '잃어 버렸구나.' 라고 아는 것은 지식이다. 반면에 잃은 것을 통해 얻는 것을 아는 것은 지혜다. 우리는 지식만 있는 사람이 아니라 지혜로운 사람도 돼야 한다.

잃어버린 것이 아니라 얻은 것을 생각하라

공자가 조카 공멸에게 물었다. "벼슬해서 얻은 것이 무엇이고, 잃은 것이 무엇이냐?" 공멸이 답했다. "얻은 것은 없고 잃은 것만 세 가지가 있습니다. 첫째, 일이 많아 공부를 하지 못했습니다. 둘째, 녹봉이 적어 친척을 돌볼 수 없었습니다. 셋째, 공무가 다급하여 친구들과의 관계가 소원해졌습니다."

공자는 같은 벼슬을 하고 있던 복자천 에게도 똑같이 물었다. "벼슬해서 얻은 것이 무엇이고, 잃은 것이 무엇이냐?" 복자천이 답했다.

"잃은 것은 없고 얻은 것만 세 가지나 됩니다. 첫째, 예전에 배운 것을 날마다 실천하여 학문이 늘었습니다. 둘째, 녹봉은 적지만 이를 아껴 친척을 도왔기에 더욱 친근해졌습니다. 셋째, 공무가 다급하지만 틈을 내니 친구들과 더욱 가까워졌습니다."

같은 일을 하고 같은 하루를 보내면서도 행복하게 사는 사람과 불행하게 사는 사람이 있다. 불행하게 사는 사람은 잃은 것에 집착한다. 이것도 잃고 저것도 잃었다고 생각한다. 잃은 것만을 생각하면 감사도 만족도 잃게 된다. 하지만 행복한 사람은 얻은 것을 생각한다. 이것도 얻고 저것도 얻었다고 생각한다. 얻은 것을 생각할수록 감사도 만족도 넘치게 된다.

잃은 것으로 인해 힘들어 하고 있는가? 잃어버린 과거에 집착해 여전히 고통가운데 있는가? 하나님께서는 나를 바라보라고 말씀하신다. 나는 좋은 것을 주기 위해 잃어버린 자를 기다리고 있다고 말씀하신다. 잃어버린 것이 아니라 얻은 것을 생각해보라고 말씀하신다.

신 앙 은

역 실 이 다

"

하나님께서
인생 가운데
풍랑을 주시는 것은
힘들게 하기 위함이
아니다.
더 큰 일을
맡기기
위함이다.
더 큰 사람으로
만들기 위함이다.
목적지로
더 빨리
인도하기
위함이다.

"

11
풍랑은
목적지로
더 빨리
인도한다

행27:9-26

고통총량 불변의 법칙

'고통총량 불변의 법칙'이 있다. 이 법칙은 조관일 박사가 《비서처럼 하라》에서 말했다. '고통총량 불변의 법칙'이란 '한 사람이 일생동안 경험하는 고통의 총량은 불변하다.'는 법칙이다. 곧 한 사람이 일생동안 겪어야 하는 고통의 양은 정해져 있다는 것이다. 젊어서 어려움을 많이 경험한 사람은 인생의 후반부에서 삶의 보람과 가치를 만끽하는 경우가 많다. 반대로 젊어서 별다른 고생 없이 살아온 사람은 인생의 후반부에서 견디기 어려울 정도의 고통을 겪을 수도 있다. 각 사람이 일생동안 경험해야 하는 고통의 총량은 다를 수 있다. 그럼에도 인생 전반에 걸쳐서 한 사람이 경험하는 고통의 총량이 정해져 있다면 그 고통을 감당해야 한다.

횡단보도가 없는 길은 육교를 통해서 건너게 된다. 육교로 가면 올라갈 때 힘들고 내려갈 때는 힘들지 않다. 육교가 아닌 지하도를 선택하면 어떨까? 처음에는 내리막이라 쉽게 갈 수 있지만 나중에는 오르막이라 힘들다. 결국 육교로 가든 지하도로 가든 길을 건너는데 필요한 고통의 총량은 동일하다. 물론 육교와 지하도를 선택하지 않고 무단 횡단을 감행할 수도 있다. 할머니들은 무단 횡단을 가감 없이 감행한다. 무단 횡단을 하면 큰 어려움 없이 길을 건널 수 있다. 문제는 무단 횡단을 하다가 교통경찰한테 걸리면 벌금을 내야 한다. 교통사고도 당할 수도 있다. 사고를 당하면 평생 장애인으로 살아갈 수도 있다.

오르막길이 있으면 내리막길이 있다

인생에 '고통총량 불변의 법칙'이 적용된다면 어떻게 살아야 할까? 인생의 오르막이 있으면 내리막이 있고 내리막이 있으면 오르막도 있다는 것을 알고 살아가야 한다. 인생의 오르막길을 오를 때

교만할 이유가 없다. 올라갔으면 내려와야 한다. 또한 인생의 내리막길을 가고 있다 해서 너무 실망할 필요 없다. 바닥까지 내려갔다 해도 절망할 필요 없다. 바닥까지 내려갔으면 이제 올라갈 일만 남았다. 물론 가만히 있는다고 저절로 올라갈 수 있는 것은 아니다. 밑바닥에서도 할 일을 해야 한다.

인생은 항해다

인생은 항해다. 배가 항해 하는데 가장 중요한 것은 방향이다. 방향을 잃어버리면 헤매게 된다. 배의 방향을 잡는 것은 나침반이다. 배가 바른 방향을 잡아 항해한다 해서 어려움이 없는 것은 아니다. 생각지도 못한 일들이 발생한다. 풍랑을 만날 때도 있다. 인생의 항해 에서 풍랑을 만나는 것은 어느 누구도 예외가 없다. 예수님을 믿지 않는 사람만 풍랑을 만나는 것이 아니다. 예수님을 믿는 사람도 풍랑을 만난다.

믿음이 약한 사람만 풍랑을 만나는 것이 아니다. 예수님을 잘 믿는 사람도 풍랑을 만난다. 심지어 예수님이 탄 배도 풍랑을 만났다. 사람은 보통 풍랑을 만나면 어떠한 태도를 보이는가? 원망하고 불평한다. 풍랑이 힘들기 때문이다. 예수님을 믿는 사람도 생각지 못한 풍랑을 만났을 때 원망하고 불평하는 경우가 많다. 그리스도인은 풍랑을 만났을 때 다르게 생각할 수 있어야 한다. 내가 탄 배가 풍랑을 만났을 때 하나님의 입장에서 생각해야 한다. 하나님은 이유 없이 풍랑을 주지 않는다. 이유가 있다면 풍랑 앞에서 원망만 하는 것이 아니라 답을 찾아야 한다.

바울이 유라굴라 광풍을 만나다

바울이 타고 가는 배가 '유라굴라'라는 광풍을 만났다. 이 광풍으로 배에 탔던 모든 사람들은 살 소망을 잃어버릴 정도로 큰 고통을 겪는다. 바울은 이 배를 타고 로마를 향해가고 있다. 죄수 신분이지만 로마에 복음을 전하기 위해 가고 있다. 그가 로마에 가는 것은 하나님께서 주신 비전이었다. 이런 목적으로 바울이 로마에 가고 있다면 풍랑을 안 만나야 하는 것 아닐까? 하나님께서 순항하도록 해 주셔야 하는 것 아닐까? 이런 예상과는 달리 바울이 탄 배는 풍랑을 만났다. 그렇다면 거기에는 뜻이 있다.

풍랑을 주시는 이유

하나님께서 인생의 항해 가운데 풍랑을 주시는 데는 여러 가지 이유가 있다. 가장 큰 이유는 하나님께서 계획하신 목적지로 더 빨리 인도하기 위함이다. 목적지로 더 빨리 인도한다 해서 꼭 시간상으로 빨리 인도함을 의미하는 것은 아니다. 인생에서 풍랑을 만난다는 것은 고통스럽다. 힘들다. 하지만 그 풍랑으로 목적지에 더 빨리 갈 수 있다면 감당해야 한다.

나폴레옹에게 가난은 풍랑이었다

코르시카의 귀족이었던 나폴레옹의 아버지는 어려운 형편에도 아들을 귀족학교에 보냈다. 그곳 학생들은 가난한 나폴레옹을 조롱하며 놀림거리로 삼았다. 참다못한 나폴레옹은 아버지에게 학교를 그만두고 싶다고 편지를 썼다. 아버지는 단호한 어조로 "돈은 없지만 너는 반드시 그곳에서 공부해야 한다."고 답장했다. 아버지의 단호함 앞에 어떻게 할 수 없어 그 후 나폴레옹은 5년 동안 참고 버텼다. 나아지는 것은 아무것도 없었다. 그런 환경에서도 나폴레옹은 포기하지 않고 모든 것을 이겨내겠다고 다짐했다.

군대에 들어간 나폴레옹은 여자와 도박에 빠져 있는 다른 동료들과 달리 홀로 도서관을 지키며 자신과 싸웠다. 열심히 공부하면서 미래를 준비하고 자신의 재능을 온 세상에 보여주겠다고 결심했다. 그의 노력은 헛되지 않았다. 얼마 지나지 않아 상관이 그의 능력을 알아보고 훈련장 업무를 맡겼다. 그 이후에도 나폴레옹은 남다른 성과를 올리며 새로운 기회를 얻었고 권력의 길에 들어서게 된다. 그러자 예전에 그를 멸시하고 조롱했던 사람들이 몰려왔다. 다시 그의 친구가 되고 싶다고, 충성스러운 부하가 되고 싶다고 머리를 조아렸다. 나폴레옹이 큰 성공을 맛볼 수 있었던 계기는 그의 불우한 형편 때문이었다. 가난은 그의 인생에 풍랑이었다. 가난 때문에 철없는 부잣집 아이들과 어울리는 대신 자신의 성장을 위해 노력했다. 나폴레옹은 끝내 승리하게 되었다. 가난이라는 풍랑으로 나폴레옹은 목적지에 더 빨리 도착 할 수 있었다.

'어려운 우환이 있을 때는 살지만 생활이 안락해지면 죽는다.'라는 말이 있다. 역경은 사람을 각성케 하고 노력하게 하지만 지나치게 편안한 환경은 의지를 꺾어버린다. 이런 이유로 안락함과 평안함을 누리다 보면 아무것도 이룰 수 없게 된다.

찬송가 373장 2절 가사다. '큰 물결 일어나 나 쉬지 못하나 이 풍랑으로 인하여 더 빨리 갑니다.' 작사자는 큰 물결이 일어나, 풍랑으로 힘들고 쉬지 못할 수 있지만 풍랑 때문에 더 빨리 간다 고백하고 있다.

바람을 만날 때 더 높이 더 멀리 날 수 있다

어렸을 때 연을 만들어 날려 본 적이 있다. 연은 언제 날려야 높이 날아오르는가? 바람이 불 때다. 바람이 불지 않는 날 연줄을 잡고 힘껏 달려도 잠시 올라가는 가 싶다가도 추락하고 만다. 반면에 바람이 부는 날은 연줄을 잡고 달릴 필요가 없다. 바람을 이용해 연줄을 잘 조절하면 된다. 연은 바람을 만날 때 더 높이 멀리 날 수 있다.

지구상에서 가장 높이, 가장 멀리 날아갈 수 있는 새는 '알바트로스'다. '알바트로스'는 '바보새'라고 불린다. 날개가 너무 크고 움직임이 둔해 '바보새'라는 별명이 붙여졌다. 하지만 폭풍우가 치는 날이면 알바트로스는 가장 높이 가장 멀리 나는 새로 변한다. 알바트로스는 큰 날개를 펼치고 폭풍우에 몸을 맡긴다. 바보새가 가장 높이 가장 멀리 날 수 있는 새가 될 수 있는 것은 폭풍우 때문이다.

인생의 항해 가운데 풍랑을 만났는가? 그 풍랑으로 많이 힘들고 고통스러운가? 희망을 가져라. 감사하라. 그 풍랑으로 목적지에 더 빨리 도착한다.

여기서 한 가지 질문을 던져봐야 한다. 세상 모든 사람이 풍랑을 만나면 목적지에 더 빨리 갈 수 있을까? 대답은 'NO'다. 풍랑을 만났다고 모든사람들이 목적지에 빨리 도착하는 것은 아니다. 풍랑 때문에 더 빨리 목적지에 도착하는 사람은 다른 것이 있다. 그것이 무엇일까?

풍랑은 하나님을 더욱 의지하게 한다

첫째, 풍랑 속에서 하나님을 더욱 의지한다. 바울이 탄 배가 만난 '유라굴라'라는 광풍은 엄청났다. 광풍 앞에서 배에 탄 사람이 할 수 있는 것은 아무것도 없었다. 광풍이 하루 이틀 있었던 것도 아니었다.

> "여러 날 동안 해도 별도 보이지 아니하고 큰 풍랑이 그대로 있으매 구원의 여망마저 없어 졌더라" 행27:20

광풍이 얼마나 심했는지 여러 날이 지나도 해도 별도 보이지 않고 어둠만 계속됐다. 배에 탄 사람은 '죽었구나'라고 생각했다. 이런 상황에서 바울은 기도했다. 하나님을 더욱 의지하며 풍랑에서 구원해 주시기를 기도했다. 하나님께서는 바울에게 응답해주셨다.

> "내가 속한 바 곧 내가 섬기는 하나님의 사자가 어제 밤에 내 곁에 서서 말하되 바울아 두려워하지 말라 네가 가이사 앞에 서야 하겠고 또 하나님께서 너와 함께 항해하는 자를 다 네게 주셨다 하였으니" 행27:23-24

응답받은 바울이 광풍 앞에서 두려워하겠는가? 전혀 두려워하지 않았다. 오히려 하나님께서 풍랑에서 어떻게 구원하실지 기대했다. 바울이 광풍 앞에서 하나님을 더 의지하며 기도할 수 있었던 것은 이런 경험을 해본 적이 있었기 때문이었다.

"형제들아 우리가 아시아에서 당한 환난을 너희가 모르기를 원하지 아니하노니 힘에 겹도록 심한 고난을 당하여 살 소망까지 끊어지고 우리는 우리 자신이 사형 선고를 받은 줄 알았으니 이는 우리로 자기를 의지하지 말고 오직 죽은 자를 다시 살리시는 하나님만 의지하게 하심이라" 고후1:8-9

바울은 아시아에서 힘에 겹도록 심한 고난을 당한 적이 있었다. 그 고난이 얼마나 심했던지 사형 선고를 받은 줄로 알았다고 표현한다. 바울은 그때 하나님께서 왜 그렇게 심한 고난을 당하게 하셨는지를 깨달았다. 그 깨달음은 '오직 죽은 자를 다시 살리시는 하나님만을 의지하라.'는 것이다. 바울은 이런 경험으로 풍랑을 만날 때마다 하나님을 더욱 의지했다. 하나님을 더욱 의지하니 하나님께서 풍랑 가운데서도 위로해 주셨다. 은혜를 주셨다. 믿음을 더 견고케 하셨다. 풍랑 덕분에 목적지로 더 빨리 인도해 주셨다.

풍랑 앞에서 죽음을 두려워하지 않는 모라비안 교도

웨슬레가 타고 있는 배가 대서양을 횡단하기 위해 항해하던 중 풍랑을 만나게 된다. 돛이 산산조각 나고 배에 물이 들어오자 웨슬레는 죽음의 공포에 휩싸였다. 다른 사람들도 마찬가지였다. 그런데 배 한 켠에서 모리비안 교도 25명이 조용히 찬송을 부르고 있었다. 그들의 모습은 너무나 평안했다. 웨슬레는 평안한 그들의 모습을 보고 너무 놀라 물어보았다. "무섭지 않습니까?", "아니요. 참으로 감사할 일이죠. 하나도 무섭지 않습니다.", "그래도 부인네들과 어린애들은 무서울 게 아니겠습니까?", "천만에요. 비록 아녀자라도 죽는 것을 조금도 무서워하지 않습니다. 하나님께서 우리와 함께 계시고 죽으면 천국 가게 될 것인데 무서워할 이유가 없습니다." 웨슬레는 이들을 보면서 충격을 받았다. 구원받은 백성들의 모습이 저런 모습이라는 것을 깨달았다.

풍랑 앞에서 좌절하고 절망만 하고 있는 사람은 힘든 시간을 보낸다. 고통의 시간을 보낸다. 하지만 풍랑 앞에서 하나님을 더 의지하는 사람은 하나님의 도우심을 경험하게 된다. 풍랑으로 목적지에 더 빨리 도착하는 은혜를 경험하게 된다.

풍랑은 가장 귀한 것을 발견하게 한다

둘째, 풍랑 가운데 가장 귀한 것이 무엇인지를 발견한다. 풍랑이 깊어질수록 인생에서 가장 소중한 것을 발견하게 된다. 바울이 탄 배가 광풍을 만나자 사공들이 어떻게 했는가? 짐을 바다에 풀어버렸다. 풍랑이 점점 더 심해지자 배의 기구들을 내버린다. 나중에는 밀까지 바다에 버려 배를 가볍게 한다. 왜 이렇게까지 하는 것인가? 살기 위해서다. 풍랑이 더 거세어질 때 가장 소중한 것은 생명이다. 생명을 구하기 위해 불필요한 것은 다 버려야 한다. 바울은 풍랑 속에서 무엇보다 배에 타고 있던 276명의 생명을 구원하는 일이 가장 소중한 것임을 알았다. 그래서 사공들이 자기들만 도망가려고 구명선을 내려놓을 때, 바울은 백부장과 군사들에게 모든 생명을 살리기 위해서 사공들을 붙잡아야 한다고 설득했다. 백부장과 군사들은 바울의 말을 듣고 구명선의 줄을 끊어버렸다.

풍랑이 오기 전에는 인생에 가장 소중한 것이 무엇인지를 잊어버리고 살 때가 많다. 인생의 우선순위를 잊고 살 때가 많다. 당연히 옆에 있을 줄 알았던 가족을 잃어버리고서야 가족의 소중함을 깨닫는다.

아내가 갑상선 수술을 해서 아내의 빈자리를 메꾼 적이 있었다. 밥도 하고 설거지도 하고 빨래도 했다. 아내의 빈자리를 지키며 아내가 옆에 있다는 것 자체가 얼마나 소중한지 다시 한번 깨달았다. 아내의 자리는 당연한 자리가 아니었다. 나의 삶에 너무나도 귀한 자리였다. 또한 사람은 풍랑을 만나고 나서야 생명이 가장 중요하다는 것을 깨닫는다. 신앙이 소중하다는 것을 깨닫는다. 이것조차 깨닫지 못하는 사람은 풍랑 때문에 자초하게 된다.

그런데 그리스도인은 풍랑을 만났을 때 육신의 생명보다 더 중요한 것이 있음을 깨달아야 한다. 생명보다 더 중요한 것은 영생이다. 예수님께서 그리스도인에게 가장 소중한 것이 무엇이며, 어디에 우선순위를 두고 살아야 하는지를 말씀해주셨다.

> "너희는 먼저 그의 나라와 그의 의를 구하라 그리하면 이 모든 것을 너희에게 더하시리라" 마6:33

예수님께서는 그리스도인의 우선순위가 하나님의 나라와 의를 구하는 것임을 말씀하고 계신다. 우리의 우선순위는 보이는 것이 아니라 보이지 않는 것이다. 영생이요, 천국이다.

1845년 영국의 한 탐험대가 북극해를 건너는 바닷길을 발견하기 위해 대탐험을 시작했다. 철저한 훈련으로 준비된 탐험 대원들은 필요한 물품을 배에 가득 싣고 새 항로를 개척하기 위해 긴 항해를 시작했다. 배가 광활한 북극해에 도달했을 때 대원들은 어이없는 사실을 알게 되었다. 연료가 남아 있지 않았던 것이다. 대원들이 배의 창고를 확인해보니 그 안에는 연료가 있는 것이 아니라 뜻밖의 물건들만 가득 차 있었다. 1,200여권의 장서와 사기로 된 접시, 크리스탈 컵과 장교의 이름이 적혀 있는 은식기 등 온갖 사치품들만 가득했다. 이것은 배를 지휘하던 프랭클린이라는 장교가 새 항로를 개척해 다른 나라에 도착하면 사절품으로 사용하려고 가져온 사치품이었다.

탐험 대원들은 연료가 바닥난 배가 곧 가라앉게 되리라는 사실을 알고는 모두 썰매를 이용해 탈출했다. 그러나 장교는 썰매 위에 은식기를 하나라도 더 실으려고 몸부림치다 결국 목숨을 잃고 말았다.

생명보다 더 귀한 것은 영생이다

사람 인생에서 가장 소중한 것은 생명이다. 생명을 잃어버리면 아무리 많은 돈을 가졌다고 한들 무슨 소용이 있겠는가? 그럼에도 생명과 비교할 수 없는 것이 영생이다. 이 땅에서 아무리 많은 것을 가지고, 다 누리고 살았다고 해도 영생을 얻지 못했다면 가장 귀한 것을 놓친 것이다. 그러나 이 땅에 있는 모든 것을 다 잃었다 해도 영생을 얻었다면 가장 소중한 것을 붙잡은 것이다.

풍랑을 만났을 때 가장 귀한 것이, 우선순위에 두어야 할 것이 영생이요. 천국임을 깨달아야 한다. 이것이 깨달아질 때 풍랑이 두렵지 않다. 풍랑을 헤쳐 나갈 수 있다. 풍랑으로 더 빨리 목적지로 인도받을 수 있다. 맹자는 이런 말을 했다.

"하늘에서 사람에게 큰일을 줄 때에는 반드시 그들의 마음을 괴롭게 하고 몸을 수고롭게 하며 굶주리고 궁핍하게 만들어 하는 일마다 틀어지게 한다. 이는 그들의 마음을 움직여 인내심을 기르게 하고 지금까지 하지 못했던 일들을 더 많이 할 수 있게 하기 위함이다. 사람은 잘못을 해야 고칠 수 있으며 마음속에 고민과 걱정이 있어야 힘을 낼 수 있다."

하나님을 믿지 않았던 맹자도 하늘에서 사람에게 큰일을 줄 때에는 반드시 그들의 마음을 괴롭게 하고 수고롭게 한다고 말했다. 힘들게 한다고 말했다.

하나님께서 인생 가운데 풍랑을 주시는 것은 힘들게 하기 위함이 아니다. 우리에게 더 큰 일을 맡기기 위함이다. 더 큰 사람으로 만들기 위함이다. 목적지로 더 빨리 인도해 가기 위함이다. 그렇다면 풍랑을 두려워할 이유가 없다. 풍랑을 만났을 때 불평하는 것이 아니라 하나님을 더욱 의지해야 한다. 가장 소중한 영생과 천국을 소망하며 살아가야 한다.

신 앙 은

역 설 이 다

"

'천천히 서둘러라'는
모순이다.
천천히
하다 보면
서두를 수가 없고
서두르다 보면
천천히 할 수가 없다.
'천천히 서둘러라'는 말은
서두르지만
전후좌우를 따져보면서
천천히
목표를 정하고
서두르라는
말이다.

"

12
천천히
서둘러야
한다

고전9:24-27절

가장 높이 나는 새가 가장 멀리 본다

사람은 누구나 지금보다 더 나은 삶을 살고 싶은 마음이 있다. 때
론 지금의 삶과 다른 삶을 살고 싶은 마음도 있다. 문제는 대부분의
사람이 그런 마음만 가질 뿐 지금의 자리에서 아무것도 하지 않고
머물러 있는 경우가 많다. 지금 '내가 무엇을 새롭게 시작할 수 있겠
어'라고 하면서 스스로 포기하는 사람도 있다. 되는대로 살아가는
사람도 있다. 그리스도인은 달라야 한다.

"가장 높이 나는 새가 가장 멀리 본다."라는 말이 있다. 이 말은 리처드 버크의 《갈매기의 꿈》에 나오는 명언이다. 《갈매기의 꿈》에는 주인공 갈매기인 조나단을 비롯한 많은 갈매기가 등장한다. 다른 갈매기들은 먹는 것과 먹기 위해 사냥하는 것에 열중한다. 반면에 조나단은 나는 일에만 관심을 가졌다. 조나단의 그런 행동은 다른 갈매기들에겐 가치 없는 헛된 일처럼 보였다. 갈매기들은 조나단을 보고 비난했다. 조나단은 다른 갈매기들이 그러거나 말거나 전혀 개의치 않았다. 오직 나는 일이 전부인 양 푸르른 창공을 향해 힘찬 날개짓만 했다. 조나단은 하늘을 나는 것이 좋았다. 높이 날아오를수록 희열을 느꼈다. 한참을 날고 나면 온몸에서 새로운 에너지가 솟아났다. 날이 갈수록 조나단은 더 멀리 더 높이 날아올랐다. 결국 조나단은 세상에서 가장 멀리 가장 높이 나는 최고의 갈매기가 된다.

새로운 것은 새로운 생각에서 만들어진다

앞으로 나가지 못하고 정체되는 삶은 스스로를 구렁텅이로 몰아넣는 것과 같다. 지금과 다른 삶을 살고 싶다면 지금과는 다른 방법으로 최선을 다해야 한다. 조나단을 비웃었던 갈매기들은 자신들과 다른 삶을 사는 조나단을 보고 얼마나 무지했는지를 알았을 것이다. 우리의 삶도 마찬가지다. 남과 다른 길을 걸으며 자신만의 길을 가는 사람은 조롱을 받기도 한다. 미친 사람 취급당하기도 한다. 그들이 지향하는 일이 일반적인 것과는 너무도 동떨어진 일이라고 여기기 때문이다. 이런 보편적 생각이 자신을 옭아매어 더 이상 발전할 수 없도록 가로막는다. 새로운 것은 언제나 새로운 생각에서 만들어진다. 또한 무모해 보일 때도 있지만 단순하고 묵묵한 것이야말로 최고가 되는데 있어 가장 필요한 방법이다.

역설逆說, paradox

로마 제국 초대황제였던 아우구스투스는 '천천히 서둘러라'를 자신의 좌우명으로 삼았다고 한다. '천천히 서둘러라'는 모순이다. 천천히 하다보면 서두를 수가 없고 서두르다 보면 천천히 할 수가 없다. '천천히 서둘러라'는 말은 반대되는 개념끼리 합쳐놓은 말이다. 이것을 '역설'逆說, paradox이라 부른다. 생각해 보면 역설 속에 엄청난 보물이 있다.

삶과 죽음, 성공과 실패, 사랑과 미움, 기회와 위기 이런 단어들은 모두 역설 관계에 있다. 하지만 이것들은 반대되는 개념이 아니다. 삶과 죽음은 반대가 아니라 존재의 다른 양태일 뿐이다. 성공한 것 같아 보이지만 실패했고 실패한 것 같아 보이지만 성공한 삶을 사는 사람이 많다. 모든 상황에는 기회와 위기가 공존하고 있다. 위기가 기회가 될 수 있고 기회가 위기가 될 수도 있다.

'천천히'와 '서두르다'도 마찬가지다. '천천히 서둘러라'는 서둘러야 하지만 전후좌우를 따지면서 천천히 목표를 정하고 서두르라는 말이다. 곧 '천천히 서둘러라'는 말은 서두르되 내가 무엇을 위해 서두르는지를 분명하게 인식하라는 말이다. 일본의 격언 중에 '이소가바 마와레'急がば回れ가 있다. 일본 사람이라면 누구나 알고 있을 정도로 흔하게 사용되는 말이다. 이 뜻은 '급하게 서두르면 돌아가게 된다'이다. 한국 사람을 대표하는 말 중에 하나가 '빨리 빨리'다. 빨리 서두르다 보면 오히려 돌아가게 된다. 서둘러도 천천히 서둘러야 한다.

급할수록 정신 차려야한다

목이 마른 비둘기가 옥상에 앉아 있었다. 비둘기는 탈진하기 바로 직전이었다. 그 순간 건너편 건물에서 무언가가 반짝거렸다. 맑은 시냇물처럼 보였다. 비둘기는 "물이다!" 하고 소리치며 생각할 겨를도 없이 날아가 시냇물로 뛰어들었다. 비둘기는 날개가 꺾인 처참한 모습으로 길거리에 떨어졌다. 마지막 숨을 몰아쉬며 헐떡거렸다. "아아... 분명히 물이었는데..." 비둘기가 부딪힌 것은 시원한 시냇물이 아니라 시냇물이 그려진 광고탑이었다. 목이 타서 죽을 지경이었던 비둘기는 시냇물이 그려진 광고탑을 진짜 시냇물인 줄 착각했다. 위급한 상황에 처하면 분별력이 흐려질 수 있다. 급할수록 더 정신을 차려야 한다.

상 받기 위해 달음질해야 한다

고린도에서는 2년마다 이스미안이란 운동경기가 열렸다. 로마제국의 가장 큰 체육제전은 아테네에서 열린 올림픽경기였고 그 다음 규모가 이스미안 경기였다. 이스미안경기가 열릴 때면 고린도에는 경기 10개월 전부터 선수들이 몰려들어 훈련의 열기로 가득 찼다. 바울은 이스미안 경기에서 육상선수가 달리는 모습을 보았다. 그것에 빗 대어 고린도교회 성도에게 메시지를 전하고 있다. 올림픽경기를 보면 선수들이 출발 신호탄이 울리면 사력을 다해 달린다. 특히 100m 달리기는 더욱 그렇다. 실제 올림픽에서 혼신을 다해 달리는 선수가 허벅지 근육이 파열돼 주저앉는 경우가 있다. 이들이 피나는 훈련과 사력을 다해 달리는 이유는 우승이라는 목표 때문이다. 올림픽 금메달을 위해 이들은 있는 힘을 다해 달린다. 바울은 이 선수들의 모습을 보면서 그리스도인도 상 받기 위해서 달음질해야 한다고 말씀한다.

분명한 방향을 잡고 달려야한다

바울은 무조건 달음질만 하면 상을 받는다고 말씀하지 않는다. 몇 가지 원칙을 제시하고 있다.

"나는 달음질하기를 향방 없는 것 같이 아니하고" 고전9:26

바울은 먼저 방향을 정하고 달려야 한다고 말씀한다. 방향 없이 달리면 아무리 빨리 달려도 상을 탈 수가 없다. 실격처리 된다.

"가젤과 사자이야기"라는 글이 있다. 가젤은 영양의 일종이다.

"아프리카에서는 매일 아침 가젤이 잠에서 깬다. 가젤은 가장 빠른 사자보다 더 빨리 달리지 않으면 죽는다는 사실을 알고 있다. 그래서 그는 자신의 온 힘을 다해서 달린다. 아프리카에서는 매일 아침 사자가 잠에서 깬다. 사자는 가젤을 앞지르지 못하면 굶어 죽는다는 사실을 알고 있다. 그래서 그는 자신의 온 힘을 다해 달린다. 네가 사자이든, 가젤이든 마찬가지다. 해가 떠오르면 달려야 한다."

사자도 가젤도 해가 떠오르면 달려야 된다는 사실이 의미 있게 다가온다. 사람들 가운데는 사자의 입장에 있는 사람도 있고 가젤의 입장에 있는 사람도 있다. 어떤 입장에 있던 해가 떠오르면 달려야 한다. 그래야 살 수 있다. 하지만 해가 떠오른다고 무조건 달리기만 해서는 안 된다. 가젤이 사자가 못 따라오게 아무리 빨리 달려도 낭떠러지나 막다른 골목으로 달려서는 안 된다. 낭떠러지나 막다른 골목으로 달려가면 아무리 빨리 달려도 뒤 따라오는 사자에게 잡힌다. 사자도 마찬가지다. 무조건 달리는 것이 아니라 가젤을 보고 달려야 한다. 아무 목표도 없이 빠르게 달린다고 해서 먹잇감을 잡는 것은 아니다.

그리스도인의 삶의 방향은 하나님의 영광이다

야구 할 때 타자가 공을 장외로 날려 보냈다고 해도 파울은 홈런이 아니다. 파울은 파울일 뿐이다. 정해진 펜스를 향하여 넘길 때 홈런이 된다. 방향은 이렇게 중요하다. 우리 삶의 방향은 어디를 향해야 하는가? 이 질문은 '우리 삶의 목적이 무엇이냐?'는 질문과도 같다.

"푯대를 향하여 그리스도 예수 안에서 하나님이 위에서 부르시는 부름의 상을 위하여 달려가노라" 빌3:14

"그런즉 너희가 먹든지 마시든지 무엇을 하든지 다 하나님의 영광을 위하여 하라" 고전10:31

바울은 그리스도인이 달려가야 할 푯대, 삶의 목적이 하나님의 영광이라고 말씀한다. 서두르기 전에 내가 달려가는 목적이 무엇인지 천천히 생각해 봐야 한다. 삶의 목적이 하나님의 영광을 위한 것인지, 나의 영광을 위한 것인지 천천히 생각해 봐야 한다. 하나님의 영광이 아닌 나의 영광을 위해 살아가고 있다면 빨리 방향부터 수정해야 한다. 그대로 달려가다가는 어떤 일이 벌어질지 모른다. 어쩌면 달려간 만큼 돌아와야 할 수도 있다. 아무리 빨리 달려서 엄청난 업적을 이루었다고 해도 하나님의 영광을 위한 것이 아니라면 하나님과는 상관이 없다. 사람들에게 인정받고 칭송받을 수는 있어도 하나님과는 상관이 없는 일이다.

목표를 구체적으로 세우라

목적이 정해졌다면 목표를 구체적으로 세워야 한다. 목적과 목표는 차이가 있다. 목적은 목표보다 위에 있는 개념이다. 목적은 본질을 뜻하고 그 본질을 추구하기 위한 과정이 목표다. 하나님의 영광을 위해 살고자 하는 목적이 정해졌으면 무엇을 통해 하나님께 영광을 돌리며 살 것인가를 정해야 한다. 목표도 단기적인 목표와 장기적인 목표를 세워야 한다. 목표를 세우는 것과 세우지 않는 것은 엄청난 차이가 있다. 목표가 없는 사람은 되는대로 살아간다. 하지만 목표가 있는 사람은 그것을 이루기 위해 살아간다. 그리스도인은 주님 안에 있을 때 기쁨과 평안을 누린다. 또한 목표를 향해 열정을 가지고 달려갈 때 기쁨과 평안이 넘친다.

목표를 이루기 위해서는 절제해야 한다

천천히 목적과 목표를 정하였으면 이제 서둘러야 한다. 바울은 서둘러 목표를 이루기 위해서 해야 할 것이 있음을 말씀하고 있다. 절제다.

"이기기를 다투는 자마다 모든 일에 절제하나니" 고전9:25

서둘러야 하지만 무조건 서둘러서 되는 것이 아니라 절제해야 목표를 이룰 수 있다. 올림픽 금메달을 목표로 하는 운동선수는 절제한다. 먹는 것도 절제하고, 하고 싶은 것도 절제한다. 시간도 함부로 사용하지 않는다. 중요한 시험이나 수능 시험을 앞두고 있는 수험생들도 마찬가지다. TV 보는 것, 스마트 폰 하는 것도 절제한다. 노는

것도 삼가고 오직 공부에만 집중한다. 삶이 무절제하다면 목표 의식
이 없기 때문이다. 목표가 있고 그것을 이루고자 하는 사람은 절제
한다. 살을 빼야 되겠다는 목표가 있는 사람은 먹는 것을 절제한다.
집중력은 절제력에서 나온다. 못이 단단한 나무를 뚫고 들어갈 수
있는 힘은 집중력에서 나온다. 쓸데없는 곳에 힘쓰는 것을 절제하고
한 곳에 집중할 때 그 힘이 구멍을 낸다.

마시멜로 이야기

1960~70년대에 스탠퍼드 대학교의 월터 미셸 박사는 아이들의
욕망과 자제심에 관한 실험을 했다. 미셸 박사는 취학 전에 있는 아
이들을 초대해서 큰 방으로 안내했다. 방에는 작은 책상들이 놓여
있었는데 그곳에는 마시멜로 두 개와 종 하나가 있었다. 마시멜로는
아이들이 아주 좋아하는 간식이다.
미셸 박사는 방에 있는 아이들에게 말했다. "난 바빠서 잠깐 나가
봐야겠구나. 내가 돌아올 때까지 기다리면 여기 있는 마시멜로 두
개를 다 줄 테니까 기다리기를 바란다. 혹시 그 전에 마시멜로가 먹
고 싶으면 종을 울리고 하나만 먹으렴. 하지만 하나를 먹으면 그걸
로 끝이야. 두 개를 다 먹으려면 내가 돌아올 때까지 기다려야 해."
미셸 박사가 나간 뒤 방문은 굳게 닫혔고, 아이들만 방안에 남게 되

었다. 방 안에 남아 있던 어떤 아이는 불과 1분 만에 종을 울리고 마시멜로 하나를 먹어버렸다. 어떤 아이는 유혹을 이기기 위해 눈을 가리고 노래를 부르기도 했다. 또 다른 아이는 책상을 차기도 하고 딴청 부리기도 했다. 꾀가 많은 아이는 낮잠을 자기도 했다. 실험 결과 미셸 박사가 돌아올 때까지 삼분의 일의 아이들은 참지 못하고 마시멜로를 먹었다. 나머지 삼분의 이는 끝까지 참아 마시멜로 두 개를 먹게 되었다.

그런데 이 실험이 유명하게 된 것은 10년 후에 실시한 2차 연구 때문이다. 10년 이후에 마시멜로의 유혹을 이겨낸 아이와 유혹을 이겨내지 못한 아이들을 비교해 보았다. 마시멜로를 먹지 않고 절제한 아이들은 몸매도 날씬하고 사회 적응을 잘하고 있었다. SAT에서도 마시멜로를 먹은 아이들보다 210점이나 점수가 높았다. 무엇을 말해주는 것인가? 절제 잘하는 아이들이 목표도 이루고 더 나은 삶을 산다는 것이다.

절제하며 준비해야한다

갈라디아서 5장에는 성령의 9가지 열매를 말씀한다. 그 중에 제일 마지막 열매가 절제의 열매다. 왜 성령의 9가지 열매 중에서 절제가 마지막 열매일까? 절제가 그만큼 중요하기 때문이다. 나머지 열매들을 맺기 위해 가장 필요한 열매이기 때문이다. 아무리 좋은 것도 절제하지 못하면 덕이 안된다. 열매를 맺을 수 없다. 사랑이 좋은 것이지만 사랑도 지나치면 문제가 된다. 사람의 삶에서 브레이크와 같은 역할을 하는 것이 절제다. 절제는 쉽지 않다. 하지만 절제하는 만큼 목표에 더 가까워진다. 당신은 목표를 이루기 위해서 얼마나 절제하고 있는가?

그런데 무조건 절제만 한다고 목표를 이룰 수 있는 것이 아니다. 절제하면서 준비해야 한다. 목표를 이루기 위해 준비가 필요하다. '천천히 서둘러야 한다.'에서 서두른다는 것은 준비하라는 의미가 포함돼 있다. 사람은 꿈 이야기를 많이 한다. 꿈은 목표라고 할 수 있다. 안타까운 것은 꿈 이야기를 하는 사람도 많고, 꿈을 꾸는 사람들도 많은데 꿈을 이루는 사람은 소수밖에 없다는 것이다. 이유가 뭘까? 꿈만 꾸고 준비하지 않기 때문이다. 꿈은 꿈만 꾼다고 이루어지는 것이 아니다. 꿈을 위해 준비하는 사람이 이룬다. 목표는 목표만 거창하게 세운 사람이 이루는 것이 아니다. 목표를 이루기 위해 준비하는 사람이 이룬다.

래리버드 이야기

미국 프로농구단 보스턴 셀틱스에서 활약한 스타인 래리버드라는 전설적 인물이 있다. 그는 신인 시절 슈팅 기술 말고는 별다른 재능이 없었다. 점프력은 리그 전체를 통틀어 253위였고, 스피드도 146위 정도에 불과했다. 이랬든 그가 오늘날 미국 프로농구 역사상 최고 선수 50명 가운데 한 사람으로 인정받고 있다. 래리버드는 화려한 경력만큼이나 '부지런함'으로도 유명한 선수였다. 또 큰 재능이 없었음에도 그가 명성을 쌓을 수 있었던 것은 자신만의 별난 습관이 커다란 역할을 했다. 그는 수준 이하의 팀과 경기할 때도 다른 선수들 보다 몇 시간 전에 경기장에 나와 자신만의 '의식'을 치르는 습관이 있었다. 그의 습관은 경기가 진행될 농구 코트에서 머리를 숙인 채 혼자 천천히 공을 드리블 하면서 두세 시간 내내 코트를 이리저리 분주하게 오가는 것이었다.

어느 날 스포츠 전문기자가 조심스럽게 그에게 물었다. "래리, 지금 무엇을 하고 있는 것이죠?", "보시다시피 연습을 하고 있습니다.", "제가 보기에는 단순한 몸풀기 연습 같지는 않은데요. 고개를 푹 숙인 채 청소부처럼 코트 바닥만 살피던데요.", "네 맞습니다. 저는 지금 코트 바닥을 유심히 살피고 있습니다.", "특별한 이유라도 있나요?" 래리 버드는 빙긋 웃으며 미소를 지었다.

래리버드가 경기 전 치르는 자신만의 '의식'이란 다름 아닌 코트 점검이었다. 드리블 연습도 아니었고 슈팅연습도 아니었다. 코트 바닥에 혹시나 흠이 있는지, 있다면 어디에 어떤 형태의 흠이 있는지, 그 흠은 공을 어떤 방향으로 튀게 하는지, 코트를 미리 샅샅이 점검했다. 래리버드는 경기 도중에 공이 불규칙한 방향으로 튀어 오를 수 있는 가능성의 지점을 꼼꼼하게 확인했다. 그는 언제 어느 팀과 경기를 하더라도 자신만의 의식을 잊지 않았다. 일주일 후 같은 곳에서 경기를 가질 때도 마찬가지였다. 일주일 남짓한 짧은 기간에도 코트 상태는 얼마든지 변할 수 있다고 그는 강조한다. 래리버드는 불규칙 바운드 때문에 패배했다고 푸념하는 사람과 함께 하는 대신, 아무도 하지 않는 일을 끈기 있게 지속함으로써 누구보다 많은 승리를 거두었다. 수백만 달러의 연봉을 벌 수 있었다. 래리버드가 준비하지 않았다면 꿈을 이룰 수 없었다. 사람들과 다른 길을 갈 수 없었다.

천천히 서둘러라

예수님이 이 땅 가운데 오신 가장 큰 목적은 십자가에서 죽기 위함이었다. 그 목적을 이루기 위해 예수님은 공생애 사역 가운데 천천히 서두르셨다. 그리고 십자가에 못 박히셨을 때 "다 이루었다"고 말씀하시고 운명하셨다. 우리는 이 땅에 삶이 끝나면 하나님 앞에 서야 한다. 그때 하나님의 영광을 위해 최선을 다하며 살았노라고 고백해야 하지 않겠는가?

그리스도인의 삶의 목적은 분명하다. 하나님의 영광이다. 중요한 것은 그 목적을 이루기 위해 천천히 목표를 세워야 한다. 목표가 세워졌으면 서둘러야 한다. 우리에게 주어진 시간이 얼마나 남았는지 알 수 없다. 그리고 우리는 그 목표를 이루기 위해서 절제해야 하며 준비해야 한다.

글과길